U0549974

天下文化

BELIEVE IN READING

正念之身

覺察當下，活出健康

THE
MINDFUL
BODY

THINKING OUR WAY TO CHRONIC HEALTH

艾倫・蘭格
ELLEN J. LANGER——著　張斐喬、楊淑娟——譯

獻給 Emmett 和 Theo

目次

推薦序

正念是我們最好的私人教練

賴佩霞

在我寫這篇序的當下，這位高齡七十七，哈佛大學首位女性心理學終身職教授蘭格博士，可說是我最仰慕的一位結合創意、智慧與幽默於一身的現代新女性。之所以讚許，主要是她傳統的教育背景與年歲，加上多年從事的各種相關研究來看，解開人的固定思維與框架，似乎是她成就感與樂趣的巨大來源。每當我閱讀她的文章、聽她演說或訪談，常常被她指出的「真相」給折服。「對、對、對，就是這樣！」我點頭如搗蒜。

如書中所言，「正念其實是一種主動覺察事物的簡單歷程，並不需要進行冥想。」這與我多年來的靜心體悟如出一轍——提升自己的意識覺知。我明白蘭格教授說的「正念」不是技巧，而是幫助我們在複雜的生活中，發現簡單快樂的途徑。

「正念」並不只是身體與心靈上的和諧；蘭格教授認為，人是由身體與心靈共同組成的單一系統，而人所發生的所有變化，基本上都同時是心靈層面與身體層面的變化。當我們接受「身心一體」的概念，就有可能發現控制自身健康的全新可能性，並將「正念之身」的強大力量，牢牢掌握在自己手中。

如何做到？就跟著書中例子，一步步進入這單純卻又耐人尋味的正念世界。

蘭格教授的敘事風格有時像我喜歡的喜劇一樣引人入勝，有時也像家族悲劇一樣教人神傷。儘管如此，愛冒險又肯追根究柢的她，總能運用深入淺出的文字，把一些複雜的人性關卡順著邏輯逐一揭開繁複的結果。每個故事在在揭示：心靈是決定健康的關鍵，只要透過單純的思維轉變，就可以明顯改善我們的健康。

有誰知道與一個正念者相處或與一個非正念者相處，對生命的影響竟是如此深遠？

透過整本書，我們將明白，原來「正念」是我們不曾意識到的最好私人教練。無論是讓肌肉相信它將會愈來愈強壯，還是讓免疫系統知道它將會愈來愈健康，許多有趣、有力的觀察與見解，說明了正念是如何促進我們身心的整體健康。

《正念之身》可以是一部打開我們內在新視野或校正我們為人處事的新劇本，讓人願意相信，正念的確能把自己變成這世界最有喜樂的地方。

如果準備好要對自己的身心進行升級，讀這本書就對了。

（本文作者為身心靈成長教練）

正念是什麼，不是什麼？

陳建鴻

幾年前開始帶正念課程時，我常需要向學員解釋，正念並不是教大家如何保持正向思考或轉念，而是學習專注於當下，無論是身體感覺、情緒或想法，都以不批判的態度去觀察。隨著這幾年正念夥伴的推廣，愈來愈多人了解正念的概念，但也開始出現一些誤解，認為正念僅僅是專注力的訓練，或是一種為了逃避雜念與不適情緒的技巧，甚至將其當作達成某種「療效」的工具。

實際上，正念的核心更在於七大原則的內化：非評價、初心、信任、接納、耐心、放下與非用力追求。這些原則在正念練習中逐漸發芽、成長，最終融入生活的方方面面。正念的學習，不單是為了應對當下的困境，而是成為一種深層次的生活態度。

曾有位朋友跟我分享他參加八週的正念減壓課程，課程中需要完成一些回家練習與紀錄，但帶領者一直批評他為什麼都不做練習，讓他感到不大舒服。帶領者如果真正內化正念的核心原則，在面對學員的困難時，便要帶著這些態度與學員對談，協助學員探索做不了練習的心路歷程，才能帶來真正的改變。

正念的核心態度：關愛自己

在正念課程的第一堂課，我通常會鼓勵學員開始培養關愛自己的態度。我們經常試圖滿足他人期待與照顧他人需求，卻忽視了自己。從出生起，我們便一直與自己同行，但我們真的了解、愛惜自己嗎？願意花時間關照自己的需求嗎？正念正是實踐自我關愛的一種方式，而當我們開始關愛自己，身心健康自然會隨之改善。

我們可以從一個小小的練習開始：時常關注自己的肩頸狀態。現代人的生活壓力常體現在肩頸緊繃，長期累積之下，可能引發肌肉發炎、頭痛與睡眠問題。透過正念關照自己的肩頸，感覺到壓力，並試著在壓力下好好照顧自己，這些身體的不適便會逐漸緩解。而這種對自己的關愛也可以延伸到身體其他部位，甚至是抽象的情緒上，最終擴展到關愛他人，創造出如本書第九章提到的「正念感染力」，當自己變得穩定又自在時，你會發現，身邊的人也會受到感染，因而變得自在又穩定。

《正念之身》這本書中提到很多的經驗與研究，來佐證正念的練習與態度會如何改善我們的健康。我想特別強調，正念雖然對很多面向都有幫助，但它絕非萬靈丹，並無法取代醫療診斷與疾病治療準則。如果我們在透過治療疾病的同時，也能夠發掘並深化本來就內建於人們身心中自我療癒的力量，那麼我們的身心都能變得更加穩定與放鬆。

（本文作者為基隆長庚精神科主治醫師、布朗大學正念中心認證Level 2正念減壓教師、睡眠專科醫師、Podcast《洞察時代》主持人）

盛讚好評

正念是留心覺知，洞察自我與世界的真實面貌，擺脫習性的牽制，展現在生活之中。蘭格博士透過數十年的科學研究，引導讀者打破思維限制，重拾健康自主權，是本值得推薦的重要著作。

——陳德中，台灣正念工坊執行長

數十年來，艾倫・蘭格的研究向世人揭示心智對個人生活的巨大影響力。在這本引人入勝的新書中，她突顯出我們的心智在促進（或損害）自身最重要資產——健康方面所造成的深遠影響。閱讀本書，是一場會讓你感到驚嘆的旅程，我強烈推薦這本書！

——卡蘿・杜維克（Carol S. Dweck），《心態致勝》作者

艾倫・蘭格的開創性研究，使「正念」在心理學領域中占有一席之地，並顛覆過去身心二元論的假設。在這本引人入勝的書中，她提出許多深具啟發性的觀點，說明重新思考自身信念與態度，如何能夠實際提升我們的健康與幸福。

——亞當・格蘭特（Adam Grant），《逆思維》作者

稱一本書是「顛覆世界觀之作」，似乎聽起來像是極度溢美之詞，但本書確實做到這一點，而且有過之而無不及。在這趟令人享受的閱讀旅程中，我發現自己的世界觀逐漸發生改變。但請別誤會，書中一字一句都擁有最卓越、最嚴謹的實證科學研究基礎，這正是蘭格博士數十年來一貫的標誌。我衷心期盼所有人都能對本書內容投以最大關注。

——湯姆・畢德士（Tom Peters），《追求卓越》作者

艾倫・蘭格提供一個革命性且迫切需要的處方，幫助我們重新想像並創造最好的健康狀態。本書引人入勝的結合個人經驗、研究與實證科學，值得一讀！

——吉兒・泰勒（Jill Bolte Taylor），《奇蹟》作者

一部卓越的科學和學術著作，為人類的蓬勃發展帶來深遠影響。艾倫・蘭格的開創性研究表明，我們的思考和感知可以恢復身體健康、補充智力能量，並重新喚起我們對人生可能性的開闊想像。本書提供一把終極之鑰，解鎖你的全部潛能。

——**丹尼爾・品克（Daniel H. Pink），《後悔的力量》作者**

在這本書中，艾倫・蘭格回答一個有趣、重要且攸關我們人生福祉的重要問題：心靈和身體哪個更重要？她提出充滿原創研究和發人深省的洞見，表明心靈和身體不僅相互聯繫，而且實際上互為一體，為我們開啟巨大潛能，邁向健康與幸福人生。

——**丹・艾瑞利（Dan Ariely），《誰說人是理性的！》作者**

一本改變遊戲規則的重要著作。透過對現實世界的深入洞察、個人案例，以及深具啟發性的原創研究，頂尖心理學家艾倫・蘭格向我們展示如何透過心智的力量，釋放身體的全部潛能。對於任何追求真正的幸福與健康生活的人來說，本書絕對是必讀之作！

——**大衛・愛德華茲（David Edwards），約翰霍普金斯大學醫學院教授**

前言

我母親在五十六歲那年被診斷出罹患乳癌，那時癌細胞早已深入體內，醫師警告，治療之路將會極其複雜與艱辛。她的情況從一開始就很不樂觀，最初是在腋下發現腫塊，後來癌細胞擴散至胰臟，癌細胞步步進逼的整個過程一再打擊著她，面對這一切的我則是驚恐萬狀。

醫師說她只剩幾個月的壽命，儘管如此，我還是頑固的試圖提振她的精神，要她相信惡夢總會過去。有同事稱我是「極端的樂觀主義者」，也許這是委婉的說我會否認現實（我不認為我會否認現實，但這部分稍後再談）。然後神奇的事情發生了：母親的癌細胞突然憑空消失。

一開始，我們都欣喜若狂，但我很快就意識到，治療對她造成嚴重的不良影響。本來院方評估她幾乎不可能活下來，所以醫師並未特別考慮她癒後的生活。住院期間沒有機會活動四肢，導致她返家後虛弱到無法走路，只能困坐輪椅上，讓她感覺自己更不健康。

我很驚訝旁人看待她的方式。在我眼中，母親的康復證明她具有強大的復原力，但其他人卻只看到她的虛弱和無力，在他們眼中，她仍舊是個苟延殘喘的病人。他們認定她的癌症會再度復發，勢必不久後就會重回醫院。他們想得沒錯，不到九個月後癌細胞再度出現，母親隨即陷入昏迷，在五十七歲那年過世。

多年過去，對於癌症的許多觀念及治療方式已經有所改變。現在人們較常將癌症視為一種慢性疾病，而不是像數十年前那樣，將癌症視為難以啟齒的死刑宣判，腫瘤病房內的工作人員也加入營養師及照顧情感需求的社工。然而有些事情並未改變：癌症依舊被視為一種重大疾病；在治療過程中，個人心理遠不如醫療介入來得重要；診斷雖然有用，但關注的只是生命經驗中的一小部分；環境影響著我們的生理反應，卻經常被醫學界及我們所忽視。

我親眼見證這對母親的精神狀態產生多大影響。我看著醫療過程如何奪走她的掌控感，讓她在癌細胞消失後仍然羸弱不堪。我看著診斷結果如何成為一個牢不可破的標籤，標示出醫師、護理師及醫院外的其他人看待她的方式。母親不再是我從有意識以來認識的那個活潑又亮麗的女人，她成為一名無助的癌症患者，焦急的等待著醫院嘗試下一種治療方法。

母親罹癌的經歷使我相信：我們當前看待健康的方式，有可能讓我們更容易生病。思索她罹患疾病的根本原因，成為我科學生涯的一個轉折點，並深刻影響我在往後數十年中進行的正念（mindfulness）研究。

在我一九七〇年代的早期研究階段，「正念」一詞就已經變得無所不在[1]，無論是翻開報章雜誌，還是聽一段訪談，總是很難不遇見它。人們多半把正念視為一種僅與心靈有關的狀態，並且經常跟冥想練習相連結。然而，正如我和我的學生透過研究所展示的那樣，正念其實是一種主動覺察事物的簡單歷程，並不需要進行冥想。處於正念狀態時，我們會注意到許多過去並未留意的事物，同時發現我們對這些事物的了解並不如自己所以為的那麼深刻。於是眼前的一切都會變得更加有趣，並以全新的方式展露出無比的可能性。

雖然我相信心理狀態可能是影響我們健康與否的決定性因素，但當我使用「正念」一詞時，同時也在指涉一種身體狀態。這裡講的並不只是身體與心靈的和諧，我認為人是一個由身體與心靈共同組成的單一系統，人會發生的所有變化，基本上都同時是心靈層面（認知）與身體層面（內分泌、神經與行為）的變化。當我們敞開心胸，接受「身心一體」（mind-body unity）的概念，就有可能發現控制自身健康的全新可能性，並將「正念之身」（mindful body）的強大力量，牢牢掌握在自己手中。

我的實驗室位於哈佛大學，聚焦研究身心一體對我們健康的影響。它並非是那種充滿燒杯和化學藥劑的實驗室，它只是一個房間（現在甚至常常只是網路上的一個虛擬討論空間），我的學生、博士後研究員和其他感興趣的同事會聚在這裡，一同探索一些大膽創新的想法。

四十多年前，我們首次測試身心一體的概念，這項實驗也就是如今大家耳熟能詳的「逆時針研究」（counterclockwise study）。[2]在實驗中，年長男性要假裝自己變回年輕時代，並且要這樣子過上一個禮拜。我們讓他們住進一個精心改造過的空間，營造出一種時間倒回二十年前的氛圍。從咖啡桌上的雜誌到唱片機旁的黑膠唱片，從廚房櫥櫃裡的餐具到映像管電視機上播映的節目（用的還是卡式錄影帶），放眼所及，一切都彷彿置身於他們風華正茂的那個時代。我們還要求這些年長男性的行為舉止都要像自己年輕時的樣子，也就是說，即便是高齡或行動不便的人，一樣要自己把行李搬上入口處的台階，然後提進自己的房間。如果他們搬不動整件行李也沒關係，可以一次只拿一件襯衫，一切都要由自己動手。這種「時光機」式的生活帶來驚人的結果，這些年長者的身體開始發生變化，從視力、聽力、體力，甚至連外貌都有所改善。

這些發現與當時流行的身心二元論觀點及一般人的直觀判斷大相逕庭，所以就算有些人無法相信這些結果，也不會令人感到意外。儘管如此，我對這項實驗能夠如此優雅的證實身心一體觀點而感到無比振奮，從那時起，我始終持續探索著這個概念。這讓我鼓起勇氣去測試各種看似極端的假設，從我們的想法如何導致感冒、控制胰島素和所需的睡眠時數，以及如何為多種慢性疾病提供心理上的緩解之道。

多年來，我進行的所有研究背後都有一個相同目的，那就是發掘心理對健康的重要性，並將對身體的控制權交回我們自己手上。我致力於告訴世人：心靈是決定身體健康的決定性因素，只要透過簡單的思維方式改變，就可以顯著改善我們的健康狀況。其中最關鍵的，或許是關注症狀變異性（variability），我的研究已經證實許多慢性疾病（如多發性硬化症、帕金森氏症）及慢性疼痛，都可能透過這樣的心理介入而獲得改善。

在本書接下來的篇幅中，我將詳細說明我的想法。但要改變我們的心，才能改變我們的身，所以我們得先澄清一些常見誤解。為此，第一章至第五章將探討一些我認為較為基礎性的問題，如規則、風險、預測、決策、社會比較等。如果我們能夠理解並接納這些觀念，我們就可能變得更專注、更自信、更有掌控感。我的研究表明，當我們在思維上做出這些轉變，能夠改善我們與他人及自身的關係，舒緩我們的壓力，這一切將有助於增進我們的健康。

第六、七、八章則探討改善我們健康與福祉的可能性，即使過去我們對這樣的可能性始終視而不見。這幾篇以我與他人的身心研究為基礎的章節，將帶我們以正念之身，去過一種不同以往的生活方式，並且恢復一些我們因為舊有的思考模式而喪失的健康。

在我撰寫本書的過程中，曾出現一些意想不到（甚至可以說有些怪異）的轉折。我並未忽視這些轉折，而是努力去理解它們，於是開啟我對「正念感染力」（mindful contagion）現象的探索。正如我們將在第九章中看到的，我對該主題的早期研究顯示，光是與具正念者相處就能增進我們的正念，甚至對重度酗酒者或自閉症患者同樣也能產生影響。我還相信，未來有可能建立一個正念烏托邦，對未來的這種想像，有助於我們以不同的角度思考現在。

透過書中的每個章節，我希望讓你意識到：我們的每一個想法，都有可能影響自身健康。事實上，對我們所有人來說，距離更健康可能僅有一念之遙。

第 1 章

誰訂的規則？

任何傻子都能訂出規則，只有笨蛋才會去在意它。

——亨利・大衛・梭羅（Henry David Thoreau）

規則很重要，但在我來看，它們應該用來引導我們的行為，而非支配我們的行為。在充分理解盲目遵循規則對健康可能造成的影響前，我們需要先看看規則是如何產生的，以及我們是否真的應該遵循這些規則。

先舉個簡單且風險較低的例子。雖然我從未接受過正式繪畫訓練，但幾十年來一直持續進行繪畫創作。剛開始作畫時，我完全不清楚任何規則，甚至根本不知道有規則的存在。如果當時的我知道那些規則，我大概就不會擁有現在的繪畫技巧。每次走進美術用品店，看到牌子上寫著某款筆刷可以表現出何種效果的標籤，總讓我覺得荒謬，彷彿沒有別的方法可以呈現那種效果，彷彿繪畫技巧也有對錯之分。有時，我會直接修剪筆刷來獲得新穎的效果，我相信原創性（也就是一種想要創造出獨特作品的渴望）能讓我的畫作更加有趣，至少對我而言是這樣。如果我盲目遵循規則，創作的新穎性就不可能出現。

這種態度決定我的藝術風格。在我早期的一幅畫作中，有個男孩抱著一袋雜貨站在遠方小山丘上，前景則是一名坐在長凳上的女子。完成這幅畫後，我拿出來展示給幾個朋友看。其中一位指出我的「錯誤」，他說畫中的透視關係整個錯了，遠方的男孩畫得太大。於是我順從的嘗試「修正」，把男孩畫小一點，好讓他看起來更符合現實。然而我很快就意識到，正因為有這個瑕疵，才使這幅畫更具可看性。

看待人生時也是如此，儘管我們傾向於讚賞遵守規則的人，但我同時認為有必要打破規則。我們太容易盲目遵循規則，買「對的」筆刷、打扮「合宜」、問「適當的」問題；然而，當我們有意識的看待這些規則時，就會發現它們往往是專斷且不合理的。你不是非得用那支筆刷不可，也不一定要遵循透視法則，這是你的畫作，你的人生。

你可能會說，用這種態度看待筆刷沒問題，但對於健康可不能如此。的確，一提到健康問題，許多人就不願去質疑醫師或學者制定的規則，畢竟我們有什麼資格去挑戰權威人士？但請務必記得，許多健康規則考量的是與我們不同的群體，當時的醫療不如現在進步，而且並未注意到個體間存在多大的差異，以及每個人的情況都在不斷變化。例如，早年藥物試驗的參與者主要都是年輕男性，於是這些試驗能為「藥物如何影響年輕男性」提供良好的數據，但對年長女性而言就可能會出問題，因為她們的生理機能與年輕男性並不相同，藥物會在年長女性體內停留更長時間；而今日醫師在開立處方時，則會參照不同年紀、體重和性別，來決定要開多少劑量。

多數醫院都規定探病訪客必須在晚上七點前離開。我們要問的是：這條規則是基於什麼樣的數據（假如有的話）而制定？我告訴照顧母親的護理師們，母親希望我待多久，我就會待多久。因為對我而言，母親比醫院那些規則重要多了，所以護理師有三種選擇：改變探病規則，當我在那裡時就假裝沒看見，或者每次要求我離開時，就得設法應付我所製造的騷動。最後他們選擇假裝沒看見。醫院在制定晚間七點離開的規則時，或許認為這樣對病人最好，也或許是替員工著想。但如今已經有大量研究證實，社會支持對人們的健康至關重要，所以這條規定也許應該受到挑戰。

那麼，為何明明知道有些規則專斷無理且阻礙發展，我們卻依舊會照著做？其中一個原因是，我們的大部分行為都是由我們給自己硬貼的標籤所形塑的。在一項頗具啟發性的研究中，社會心理學家羅素．法齊奧（Russell Fazio）的研究團隊提出一些誘導性的問題，讓參與者傾向於認為自己的性格屬於內向型（例如：「你在什麼時候會覺得社交聚會很有壓力？」）或外向型（例如：「你覺得參加什麼派對，可以讓你得到最大的樂趣？」）。接著，參與者接受

「內外向性人格量表」（introversion-extroversion personality scale）測驗。結果發現，被外向型問題誘導的人比較容易認為自己是外向型，而被內向型問題誘導的人則傾向視自己為內向型。[1]還有其他研究顯示，如果促發長輩對於老化抱持的負面刻板印象，會導致他們在記憶測驗中表現得更差。[2]此外，只要稍稍對女性提及她們的性別，就會激發她們認定女性數學能力不佳的刻版印象。[3]

好消息是，情況並非必然如此。我與過去一位研究生克里斯泰爾·努佳尼曼（Christelle Ngnoumen）所進行的研究可作為參考。我們想知道，正念（本質上是一種覺察過程）是否能夠減少規則和標籤對人們的限制。為了解答這個疑問，我們選擇使用「內隱連結測驗」（Implicit Association Test，簡稱IAT）。[4]這個測驗是由我的同事安東尼·格林華德（Anthony Greenwald）與瑪札琳·貝納基（Mahzarin Banaji）共同提出，用來評估個人的概念之間是否存在某些潛在連結，施測時會要求參與者把一些圖片和概念進行分類，並測量完成作業需要花費的時間。他們的研究顯示，假設某人將「白」與「好」、「黑」與「壞」連結在一起，那麼要求他用相反的規則進行分類時（例如「白」是壞，而「黑」是好），他的反應速度就會變慢。透過反應時間的差異，可以揭示出不為個人所覺知的內隱偏見（implicit bias）。[5]

在我們的研究中，參與者被要求將眼前的「外團體」成員（out-group，也就是與自己沒有顯著共同特徵的人）照片分類，並為每類照片選擇合適的分類標籤。但在進行內隱連結測驗前，我們安排部分參與者以有意識的方式對照片進行分類。在一般情況下，人們比較容易以自動化的方式對照片進行分類，選擇種族、性別和族裔等顯而易見的分類標籤（例如：「非裔美國人放這一疊，白種人放另一疊」、「男性放這疊，女性放那疊」等等）。所以我們在「高正念」（high-mindful）情境組中，要求參與者用較具創新性的心理類別進行分類（例如：「照片中的人看起來社交程度有多高」或「他是否正在微笑」等等），並請他們嘗試提出兩個新的類別。

這樣簡單的介入，卻讓兩組參與者產生非常顯著的差異：當人們使用正念程度較高的分類標籤時（也就是打破既有分類規則時），他們在內隱連結測驗中的種族內隱偏見就會減少一半。另一項實驗中，當白人參與者被引導維持正念狀態時，他們表現出更多的同理心，會花更多時間聆聽其他族裔講述的個人經歷。

這類正念介入之所以有效，是因為它迫使我們注意到彼此之間驚人的差異，單單是對差異的覺察，就能打破既有的刻板印象藩籬。於是，我們開始將人視為一個獨特個體，而不是輕易將其歸類為某個群體的成員。人們很容易會忽視自己所強加的標籤，以及它們可能造成的限制。面對這個問題，我們不只可以透過增進對外團體成員的正念關注來減少偏見，我認為我們還可透過增進對內團體（in-group）的區別，來減少對外團體的偏見。換句話說，讓人們意識到自己與相似者的差異，就會注意到每個人之間是如此不同，於是外團體看起來也不再那麼涇渭分明。正如「覺察看似不同事物之間的相似性」是正念的本質，「覺察看似相同事物之間的差異性」同樣也是正念的本質。

規則是由社會建構而來

規則並非一成不變。事實上，即使是嚴格性更高的法律，仍然可以被改變，而且需要受到質疑而非盲目遵從。法律未必一定符合道德，過去的法律曾將女性視為一種財產，同性戀、異族通婚、在酒令時期飲用酒精飲料全都是違法行為。一八三〇年，一名男子因蓄鬍而慘遭毒打，並因自我防衛而鋃鐺入獄，然而四十五年後他過世時，蓄鬍已經成為時尚。

即使在今天，美國某些地方還是存在著奇怪的法律，在在顯示盲目遵從專斷規則的荒謬。例如在亞利桑那州，讓驢子在浴缸裡睡覺是違法的；在科羅拉多州，把沙發擺放在前廊是違法的；在馬里蘭州，在公園內穿著無袖上衣是違法的。我最喜歡的例子是這個，在麻薩諸塞州，無照替人算命是違法的。

其他國家的法律也是如此。在新加坡賣口香糖會犯法、在雅典衛城穿高跟鞋會犯法、在威尼斯餵鴿子會犯法、在德國的高速公路上汽油耗盡也會犯法。最離譜的是，波蘭的一個小鎮禁止小熊維尼吉祥物出現在遊樂場和校園，只因為他沒穿褲子。

如果你想培養用正念看待規則的能力，那麼最佳的方式之一就是記住：無論是成文的規定，或只是出於文化上的理解，規則都是由像我們一樣的人所建立的。當華頓商學院教授亞當．格蘭特（Adam Grant）還是我在哈佛的學生時，我們就開始著手研究社會是如何建構規則，希望了解為何大家總是會忽視這個社會面向。[6]我們設計一些實驗，讓參與者能更充分意識到規則是由人所創造的。我們的預測是，透過實驗設計，人們更有可能依自己的最大利益行事，即便這意味著要忽視規則。

在一項研究中，我們要求人們想像自己是一名病人，並給予不同程度的細節描述。我們告訴其中一組人的情境是：「想像你是醫院裡的一名病人，正躺在病床上使用便盆。病房外有位忙碌的護理師，你會等待多久才開口尋求她的幫助？」我們告訴另一組人的情境則是：「想像你是醫院裡的一名病人，正躺在病床上使用便盆。病房外有位忙碌的護理師，她的名字叫做貝蒂．強生（Betty Johnson），你會等待多久才開口尋求她的幫助？」

兩個情境的唯一差異在於，第二個情境中，人們知道護理師的名字。我們發現，只要提到她的名字，就會讓人們更願意提早求助。我們還測試過許多不同的情境，只要我們突顯的是「人」而非「角色」時，人們就會更願意為自身所需而採取行動。當人們面臨困難的情境時，如果他們意識到這些規則不過是由某個普通人創造出來，而非神聖不可踰越的，就會將無用的規則和繁文縟節拋到一旁，更願意嘗試改變情境，讓情境更符合他們的需求。

在護理師的案例中，一旦參與者意識到這不過是「一個人」在向「另一個人」求助，就不會繼續遵守「不要打擾醫護人員」這樣的規範。我認為格蘭特是進行這些研究的最佳人選，因為他總是選擇走自己的路，而不是無意識的遵循規則和慣例。舉例來說，在哈佛大學的入學面試中，他當場表演一段魔術，而不只是介紹自己的學術能力。

涉及我們的健康問題時，盲目遵從規則將造成更大的危害。以癌症為例，當組織切片被送進實驗室時，癌細胞上可沒貼著「我是癌細胞」的標籤。一定要有人去檢查玻片上的細胞，並判斷它們究竟是不是癌細胞。有時候，細胞的病理學特徵相當明確，但遇到模稜兩可的情況時，一位細胞學家可能認為某個細胞是癌細胞，另一位卻有不同看法。這種分歧的意見幾乎從沒傳達給患者，因此患者可能以為自己得到的診斷相當精準明確，但事實上卻是高度仰賴個人判斷的結果。

就現實層面而言，這也意味著某人可能會被告知罹患癌症，而另一個在診斷標準上情況幾乎完全相同的人，卻被告知並未罹患癌症。罹癌診斷會引發人們一系列後續反應，其中一些反應可能導致負面影響。儘管我們永遠無法掌握這類影響的確切數據，但我常懷疑，究竟有多少患者並非死於疾病，而是因為產生「癌症乃不治之症」這類「過早認知承諾」（premature cognitive commitment，屬於一種心理定勢）而放棄治療。無論如何，我們確實看到診斷結果在各醫院、各州及各國之間存在差異，因此在某些個案中，個人確實可能得到比實際情況更嚴重的診斷結果。

就差那麼一點：邊界效應的隱藏成本

如果你在紐約中央車站候車時造訪地下美食廣場，可能會注意到一個有點奇怪、但向來都是如此的現象。由於人流量大，很多店家會預先製作一些沙拉之類的輕食。如果你剛好點到這類現成的餐點，就能馬上帶走它。但如果你仔細觀察，就會發現包裝上標示著有效期限，例如「三十分鐘內食用」。效期截止的一分鐘前，它還是一道價值滿滿的即食佳餚；但在效期截止的一分鐘後，就會馬上被扔進垃圾桶。而且店家依法不得將它免費送出，即使是願意簽署一百萬份免責聲明的遊民也不能例外。一道餐點從「營養又美味」到「具致命風險」，僅僅發生在秒針旋轉一圈的短暫時間內。

試想，差幾毫秒而錯過獎牌的運動員、剛好超過確診標準一點點的患者、因為一題之差而未能通過律師資格考試的法律系學生，這些人和吊車尾得獎的運動員、剛好低於確診標準一點點的健康患者、成績壓線通過考試的律師之間，真的存在顯著差異嗎？

世界上一切，無論是速度、尺寸、毒性，還是任何你想得到、描述得出來的東西，都是以連續性的方式存在，但我們依舊不斷創造並使用各式各樣的區分標準，這些區分標準對人生的影響，其實遠勝於差異本身。事實上，所有差異的分類都具有可變性，畫出一條明確界線不僅會掩蓋這種可變性，還可能帶來嚴重損害。我將這種損害稱為「邊界效應」（the borderline effect）。

邊界效應的類似案例多到不勝枚舉，例如，某人的智商是六十九分，另一人是七十分，但只有七十分的人才會被視為智力落在正常範圍內。即使我們不是統計學家，也知道六十九分和七十分並沒有太大差異，然而一旦得分較低者被貼上「智能不足」的標籤，他的人生發展方向將與智力僅有一分之差的人截然不同。

當然，邊界效應對於實際的邊界也會有影響，例如在畫定硬性且不可穿越的邊界線之前，北韓最南端與南韓最北端的差異，或是東德最西端與西德最東端的差異，可說是微不足道。但當邊界出現後，兩地就走向截然不同的文化樣貌，就連實際邊界線已經消失三十年的德國，至今仍有所不同。

邊界效應對於生活中各個層面都有著廣泛的影響。但對我們而言，最重要的莫過於它如何影響我們的健康。

我和我的研究生彼得．盎格爾（Peter Aungle）以及博士後研究員卡琳．岡納特－薛弗爾（Karyn Gunnet-Shoval）曾研究邊界效應對糖尿病診斷的影響。在這項研究中，我們以糖尿病前期臨界值為分界線，比較血糖略低於臨界值的人（即「數值偏高的健康者」）與血糖略高於臨界值的人（即「數值偏低的糖尿病前期者」）在病情發展上的差異。[7]我們的初步假設是：儘管檢驗時多少存在自然變異，但被歸類為病情較重的患者，最終病況會變得更加嚴重，因此，醫學數值的一分之差在統計上根本毫無意義。

我們曾經和幾位內分泌專家談過，他們都同意以糖化血色素（glycated hemoglobin，簡稱A1c）測量血糖平均值時，測得五．六％與測得五．七％的人之間並無實質差異。然而，診斷上勢必得在某處畫出一條界線，因此診斷標準將糖化血色素低於五．七％視為「正常」（表示這些人沒有立即性的糖尿病風險），但五．七％以上者可就有風險了，所以他們被歸類為「糖尿病前期」（糖化血色素六．五％以上就會被診斷為「糖尿病」）。這些標籤的問題在於：它們聽起來像是明確可靠的診斷，但其中卻掩藏不確定性及人為因素的影響。然而人們卻不假思索的接受這些標籤，這絕對不是件好事。

例如，當我們比較糖化血色素五．六％與五．七％者的數據時（再次強調，內分泌專家表示兩者在醫學上不存在意義上的差異），卻發現他們在後續發展軌跡上呈現顯著差異。你可能會認為，當人們被告知即將成為糖尿病患者，應該能刺激人們提高警覺並採取積極的行動，進而扭轉他們的治療命運。然而，下頁圖中卻呈現出一個完全相反的悲劇性故事：被貼上「糖尿病前期」標籤的人，糖化血色素卻隨著時間推移而急遽上升。

至少就糖尿病而言，「醫療警告能改善患者行為」似乎不過是種迷思。事實證明，為人們貼上一個「疾病的標籤」，會使他們日後更有可能罹患糖尿病。也許是因為他們開始對「罹患糖尿病」這件事逆來順受，所以即使之前曾嘗試改變飲食習慣，也會變得不再那麼注意飲食；這也許是因為他們覺得自己已經是病人，所以不再積極維持原本的運動量；又或許是他們在心理上開始相信，自己正逐漸變成一名糖尿病患者，導致身體隨著心理的變化而產生改變。

當然，有人可能會對這樣的結論提出異議，他們主張：發展為糖尿病的可能性，本來就會隨著每一次糖化血色素測得數值的增加，而呈現線性增加。這可能是合理的論點，為了確認它是否能夠成立，我們還對糖化血色素五．五%與五．六%

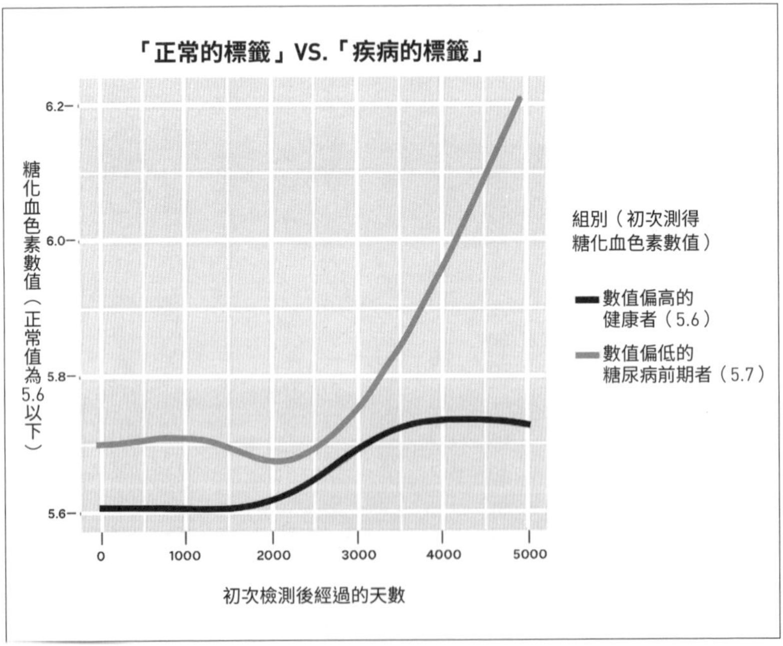

的人進行觀察。假設標籤並非是影響結果的原因，那麼應該可以看到五．五％與五．六％者的結果之間存在顯著差異。

但我們發現情況並非如此。相反的，這些糖化血色素正常但偏高的人，往往能夠始終保持在正常範圍之內，這意味著健康的標籤依然牢牢貼在他們身上。隨著時間的推移，兩組被歸為「數值偏高的健康者」在罹患糖尿病機率上都明顯偏低。

不幸的是，同樣情況也發生在數值偏低的糖尿病前期者身上（數值為五．七％與五．八％）。對這些患者來說，測得的糖化血色素數值並沒有太大影響，真正的關鍵是那個「疾病的標籤」，它將無可避免導致可怕的長期後果。「被貼上糖尿病前期或糖尿病標籤」與「沒被貼上任何標籤」之間的差異，還可能影響個人保險費用的多寡。邊界效應會讓前一類人衍生出「已罹患疾病」的困擾，但對情況幾乎相同的後一類人而言，卻完全不會構成問題。

這無疑是在提醒我們，盲目接受健康資訊，並任憑數據夾帶的雜訊決定自身命運，是一件多麼危險的事！我們賴以討論症狀與健康狀態的言語，往往根源於身體的生物醫學模型（因而忽視心智的力量），創造出症狀是穩定不變且無法管理的錯覺。因此，人們會立即採取符合已知資訊的刻板反應與行為，而不去審慎評估收到的診斷並採取不同的行動。透過上述方式，與慢性病相對應的標籤會剝奪人們的自我掌控感，阻礙人們取得健康與福祉。

預先貼上的標籤還會促使我們忽視個人的獨特經驗。其實在大多數情況下，實際經驗從來不像標籤所暗示的那樣固定與絕對（糖尿病前期患者應該要意識到，只要能在生活方式上做出一

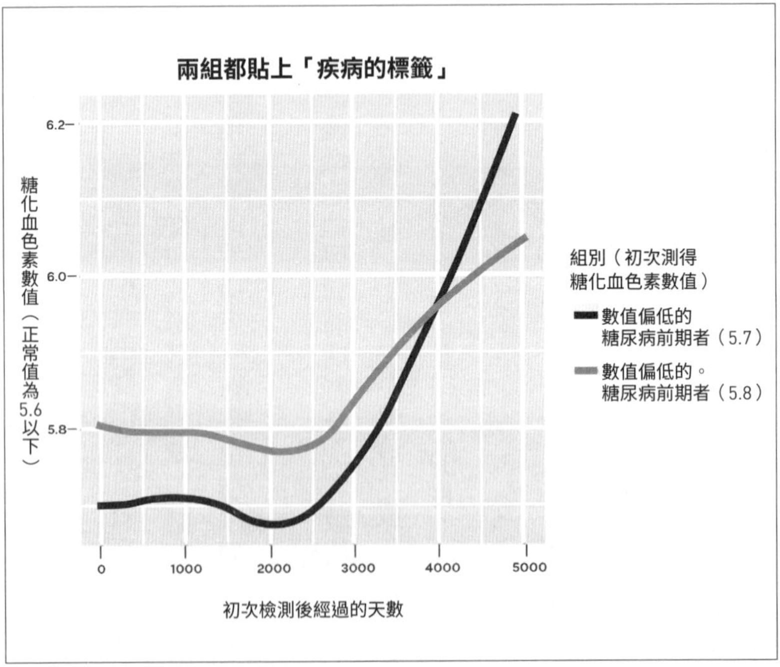

些小小的改變，那麼糖尿病並非無可避免）。然而，許多疾病診斷的結果卻反倒成為一種「自我應驗的預言」（self-fulfilling prophecies），使得這類診斷反而成為製造疾病的幫兇。

但這並不表示，我們永遠不該根據檢測結果提供人們醫學上的診斷。標籤確實是無可避免的，然而，我們應該確保標籤盡可能涵括人性化元素，並讓病人理解到，診斷只是暫時的結果，具有不確定性。

更具體的說，假設我們接受視力或聽力檢測，測得分數剛好比標準值低一點。即使分數和剛好達到標準的人差不了多少，我們仍舊領到必須配眼鏡或助聽器的處方箋，於是從此以後天天配戴矯正器材，但剛好達標的人卻沒有這麼做。我想問的是：如果我們被告知檢測結果具有不確定性，而不是讓我們相信它們是絕對的，那麼情況會有什麼不同？

此外，正如我們將在第五章看到的，有許多暫時性的因素可能讓我們在特定檢驗中未能達標，讓我們被歸類為需要永久幫助的對象。然而，如果隔天再進行一次相同的檢測，那麼測得的分數或許會呈現出截然不同的結果。

當我們意識到規則、標籤、臨界值都是由人所制訂時，我們就能擁有更大的空間去質疑情況能否有所不同，如此一來，我們就能獲得一種前所未有的自由感，為自己擴展更多的可能性。這不僅適用於我們的行為，同樣適用於我們的健康，關鍵是要質疑那些被我們無意識接受的事物，學習有意識的審視那些可能阻礙我們的描述和診斷。當我們開始這樣做，情況就有可能變得更好，我們也愈能學會如何自我療癒。

正如我在前言中所述，我幾十年來所做的大部分研究，都是受到母親罹癌經歷的啟發。從被告知罹患乳癌到病情自然緩解，再到最終離開人世，母親從未質疑過別人加在她身上的那些規則。我多希望自己當年就能給她這些建議。

第 2 章

風險、預測與控制的錯覺

生命要不是一場大膽的冒險，要不就什麼都不是。

——海倫．凱勒（Helen Keller）

《讓我們懷抱信仰》（*Let Us Have Faith*）

我要去追尋一個偉大卻未必存在的事物。

——弗朗索瓦．拉伯雷（François Rabelais）

常有人形容我是一個勇於冒險的人。這通常是一種讚美，但對我而言卻名不符實。我很少會對自己說：「這麼做很可能會付出高昂代價，但管它的，反正我就是要這樣做。」相反的，我始終都在尋求別人的認同與肯定。

我在哈佛大學擔任助理教授時，有次被要求去參加某個廣播節目的面試。該電台在加州有位廣受歡迎的女心理學家主持人，他們想要在東岸再找一位。因此，他們打電話給我的系主任戴夫・格林（Dave Green），請他幫忙推薦人選，而格林推薦了我。

面試過程包括接聽模擬的觀眾來電。第一位來電者詢問我有關羅夫療法（Rolfing）的問題，這是一種對結締組織進行深層按摩的身體療法。我對這個主題的認識可說是微乎其微，但依舊看似充滿自信的回答。令人崩潰的是，來電者又接著詢問第二個有關羅夫療法的問題，我只好再一次裝得自己好像很了解的樣子。

一週後，我收到這份工作的邀請，但在短暫考慮後，我決定婉拒。當時我還沒獲得終身教職，而且非常希望成為「蘭格教授」，我擔心電台工作會讓我的研究工作看起來變得不那麼嚴肅，此外，我不希望讓別人覺得我很有趣，而是覺得我很聰明。過沒多久，我就獲得終身教職並始終樂在教學，所以從未後悔當年「為避免失去學術嚴肅性，而放棄成為電台主持人」的風險評估。儘管如此，我偶爾還是會想：如果當時我對風險有更深入的認識，或許就會接受這份工作，而且同樣很快就成為教授。事實上，雖然許多人認為我是一個大膽且傾向「風險承擔」（risk-taking）的科學家，但我卻自認是個有點傾向「風險規避」（risk-averse）的人。如此顯而易見的矛盾，促使我開始質疑一些關於風險的基本假設。

下面這個例子，或許有助於理解我們在風險承擔傾向上的矛盾。當我去賽馬場時（這種情況非常罕見），通常會下注最受歡迎的馬匹得到第三名，我顯然稱不上是承擔高風險的人；然而，我卻曾經將個人的財務資訊機密，透露給一個我自認為很了解的人，結果，竟然被對方騙走一大筆錢。為什麼我在賽馬場上只願意承擔很小的風險，但在處理個人財務資訊時，卻願意把全部的籌碼都押在同一個地方？雖然我很愛馬，但我知道自己對賽馬一無所知，因此在下注時非常保守；相反的，我認為自己對人有深入了解，因此我做出一個顯然風險極高的決定，相信一個後來證實完全不值得信任的人。

這種矛盾不只涉及我們對於特定事情的掌握程度，有時候，我們甚至完全沒意識到自己可以選擇如何回應，這使得我們看起來就像一個勇於風險承擔的人。記得我十一歲時，有一天治療完牙齒，我聽見牙醫師跟我媽說我有多麼勇敢，我馬上就很好奇其他孩子都做了些什麼。我並不認為自己在那裡是因為勇於風險承擔，更不認為自己比其他孩子勇敢，我只是不知道自己還有其他選擇罷了。

風險承擔的迷思

在許多探討風險承擔的文獻中普遍存在的觀點是：有些事情的風險太高或潛在報酬太低，所以不值得我們去做。這樣的信念是如此根深柢固，以至於我們很少想到要去質疑它。

但我認為，上述對風險承擔的理解並不正確。人們之所以會那樣做，是因為從他們的角度來看完全是合情合理的，否則就會有不一樣的做法。假設我對追求成功的渴望超乎你的想像，你就會視我為「風險承擔者」；然而，如果你的信念與我一致，那麼就很可能會做出和我一樣的事。換言之，風險承擔其實是一種觀察者現象，風險承擔者的所作所為對他自己而言是合理的，即使旁人看來可能難以理解。我猜那些電台製作人可能會對我拒絕那份工作感到難以理解，一個年輕教授為什麼要拒絕成名的大好機會？但對我而言，名聲和財富並不值得我承擔賠上學術生涯的潛在風險。

還有一個例子可以證明風險完全是主觀的，那就是我在十六歲時就瞞著家人祕密結婚。現在回想起來，我能理解其他人為什麼會基於各式各樣的理由，認為我顯然是冒著極大的風險。然而，風險承擔意味著意識到自己的選擇及可能付出的潛在代價，可是我從來沒有考慮過代價，甚至沒想過有其他選擇。吉恩和我，兩個在寺廟舞蹈表演會中相識的無神論者，因為想結婚，所以我們就結婚了。

雖然這麼說聽來有些悲觀，但婚姻往往涉及一定程度的非理性樂觀。畢竟如果我們理性的參考一下統計數據，會發現美國有半數婚姻都以離婚告終，那麼我們可能會避免做出具有法律約束力的承諾。但當我們墜入愛河時，我們不會考慮那些數字，我們相信彼此的關係絕對與眾不同。哪有什麼離婚的風險？

這段愛情將永遠持續下去。

我們會結婚，最初是吉恩先提出的。他有個朋友的女友懷孕了，想要在紐約找到一位願意為未成年人證婚的人。當時吉恩十七歲，我十六歲，我們覺得如果能找同一個人為我們主持婚禮，那肯定非常浪漫。在我們決定私奔的那天，我凌晨三點爬起來給父母留張紙條，上面寫著「我走了，再見」，當時我覺得這樣做非常聰明。我們從紐約州的揚克斯（Yonkers）一路開車到華盛頓特區，去找替吉恩朋友證婚的那個人。可惜我們沒能成功，只好趁別人發現我們失蹤之前趕回家裡。

但我們已經下定決心要結婚，所以吉恩在我們的出生證明上做了一點小小改動，讓我們可以在離家更近的地方「合法」結婚。我們做了必要的血液檢查，身為一向謹慎小心的人，我特別穿上長袖衣服，以免父母看到抽血處貼著紗布。我十六歲時的大腦相信，家人只要發現驗血證據，就足以發現我偷跑去結婚。

在市政廳，我們被宣告成為夫妻，然後收到一箱家庭用品的樣品，像是洗衣精、洗碗精和清潔劑之類的。我不想拒收或扔掉它們，所以我還特地打電話回家，跟我母親說我剛剛拿到一堆樣品，免得到時候她問我這些東西是哪裡來的（我可不想冒這個險）。當天稍晚，我若無其事的向母親要了家中信箱鑰匙，畢竟我還住在家裡，必須確保能夠搶在父母打開信箱之前，拿走所有寄給「默斯特太太」（Mrs. Most）的郵件。

吉恩和我一直相信我們的祕密行動天衣無縫。幾年後，當我十九歲時，我們準備正式公開結婚。過程中，我只是配合母親籌畫結婚派對，依舊什麼也沒說。直到第二次結婚前夕，吉恩和我才按照原訂計畫，分別向雙方母親坦承我們已經結婚的事實。

在我們分享這個祕密不久後，有一天我不小心在兩位母親面前犯下一個戳破真相的錯誤，我在無意間提起第一次婚禮的事。結果才發現，吉恩的母親知道我們已經結婚，我的母親也知道我們已經結婚，所以大家全都心知肚明。但當我提起這件事時，所有人都白我一眼，顯然我不該冒險讓已經知道真相的人重新知道一次。到現在，我還是不知道她們試圖隱瞞這件事來避免些什麼，但可以確定的是，我們偷偷結婚的冒險行為，造成某些心理上的距離。

你是「行為者」，還是「觀察者」？

美國名作家海明威（Ernest Hemingway）經常提起西班牙內戰時一場戰役的故事。志願軍指揮官下令全營找掩護，以避開敵人的火力。其中，一位名叫威廉·派克（William Pike）的士兵沒有找掩護，因而意外發現敵軍的確切位置，這成為贏得這場戰役的關鍵，派克因其無比的勇氣而獲頒一枚勳章。當被問及為什麼沒像其他人一樣俯身躲避時，他回答：「我聽力不好，沒聽到命令。」換句話說，即使所有人都相信他是在冒險，但他根本沒意識到自己在冒險。

我們很容易忽視情境因素對他人的影響，因而傾向將他人的行為歸因於穩定的性格特質。自一九七〇年代起，社會心理學家開始研究我們在評斷自己與他人方式上的差異。舉例來說，如果你不小心一腳踩進垃圾桶，我可能會覺得你有點笨手笨腳，但你很清楚自己並不會老是踩進垃圾桶，所以試著提出更仔細的解釋，說你那時只是在放空，或是在用手機發訊息。人們往往會用對自己有利的話語來解釋自身的行為，如果我們搞砸了，那不是我們的錯，不過是特定情境使然罷了。

然而，我對「行為者」和「觀察者」之間的差異有更進一步的看法。簡單來說，我相信每個人都認為自己的行為是合理的，否則他們就不會那樣做。這意味著，當我們想要理解他人時，關鍵在於弄清楚對方的觀點；這與判斷力無關，重點在於能否發揮同理心。

在我每年開設的決策課程中，我總會請學生想像一下這個情境：我們站在一個馬場中，有二十匹馬向我們狂奔而來。為了自己的安全，所有人都奮力逃跑，只有我停在原地不動。

接著，我要求學生解釋我的行為。他們通常都認為我一定是精神錯亂。這時，我提醒他們另一種可能性：雖然大家都認為馬會傷害他們，但我認為馬是狂奔來迎接我的，所以我很高興的留在原地（假設我在馬場工作，知道奔跑的馬會避開靜止不動的人）。相反的，如果我認為當下有危險，我當然也會馬上逃跑，當人們以相同的方式理解情境時，就很有可能做出相同的行為。

我們必須記得，面對任何情境都可能有千百種不同的解讀方式，即使像「二十匹馬向我們狂奔而來」這樣簡單的情境也是如此。就算我的反應跟你不同，也不代表我在否定你的做法，我只是從不一樣的角度來看待情境。有趣的是，如果現在換個情境，要我的學生試著想像當馬狂奔過來時，他們全都留在原地停住不動，只有我跑開，這時他們反而認為我是個膽小鬼。

念大學時，我的行為實驗分析課程期末報告，繳交的是一份「程式化教材」（programmed text）。所謂程式化教材，是以小步驟的方式呈現教學內容，並在過程中設有自我測試問題的教材。這是一篇不同於一般的期末報告，我的教授稱讚我「很有膽識」（chutzpah）；顯然的，我又再次獲得名不符實的稱讚。我當下並不覺得這麼做有什麼風險，只是純粹覺得很有趣，所以就這麼寫了。如果我知道要「很有膽識」才會這樣做，那我大概就會寫一篇正常的報告了。

大約在同一時期，我的統計學教授蓋伊．絲諾葛蕾斯（Gay Snodgrass）聘用我擔任研究助理。每當我提出一個她從未想過的想法時，她就會大為激賞的說我「很有創意」。以前我從未覺得自己是個有創意的人，對我來說，「創意」這個詞似乎比較適合用來稱讚很會畫畫或彈奏樂器的孩子。

我獲得教授的認可，得以加入研究的行列，而且實際上是得到雙重認可：我既有膽量，也顯然很有創意。當然，如果我的報告被第一位教授評價為「標新立異」，或是我的統計學創意被貼上「不切實際」的標籤，我可能永遠不會建立起這種全新的自我認同，並沉浸在隨之而來的自由感之中，因為如果與眾不同會遭致批評，就會讓我更堅信自己應該選擇打安全牌。

有大量研究顯示，我們的社會認同（social identity）在風險感知中扮演重要角色。根據麥可・莫里斯（Michael Morris）、艾芮卡・卡蘭薩（Erica Carranza）和克雷格・福克斯（Craig Fox）的研究發現，激發人們的政治認同（只需要問幾個與投票選擇有關的問題），會使共和黨支持者（而非民主黨支持者）傾向於選擇標示為「保守」的投資選項，而不是那些沒有任何標示的選項。[1]儘管科學家通常會假定我們的風險偏好（risk preference）是固定的，但這項研究提醒我們，只要激發我們「保守」的政治認同，也可能使保守型投資更具吸引力。

標籤不僅僅是標籤，它們還能改變我們的行為方式。當有人給我們貼上標籤時，我們可以有幾種選擇：可以無意識的接受它、無意識的拒絕它，或者有意識的思考它。如果你選擇無意識的回應，那麼你將不會有所成長，只會一如既往的繼續陷在陳舊的類別之中；相反的，當我們有意識的評估那些標籤，這意味著我們不只會考慮這樣的標籤是否真實，還會考慮那些標籤所帶來的影響，以及它能告訴我們哪些與我們有關的事情。當絲諾葛蕾斯教授說我很有創意時，我大可輕易拒絕這種標籤，因為它並不符合我對自己的認知，但我當時決定探索這個標籤，並在今後好好培養自己的創造力。如今，這已經成為我職業生涯的決定性特徵。

風險與預測

上述所有例證，全都指向我一直以來抱持的觀點，那就是我們幾乎不可能將某人歸類為純粹的「風險承擔者」或「風險規避者」。人們經常隨意使用這些術語，但當你停下來有意識的思考他人的行為時，會發現實際上很難武斷的應用這些分類標籤。請容我再次強調，對你來說有些人看似在冒險（例如騎腳踏車時不戴安全帽），但這種行為對他們而言卻有其合理性。你不戴安全帽，並不是想要讓自己受傷，可能只是純粹喜歡微風輕輕掠過髮梢的感覺；更重要的是，你打從心底認定自己不會遭遇事故（或不會在規定要戴安全帽的州被逮捕）。

對於風險承擔的概念，還有一種常見的誤解：在採取行動之前，我們很難事先評估風險。問題不在於哪些事情可以預測、哪些事情不能預測，事實上，幾乎所有事情都無法預測，包括我們對於某件事的本能反應。

舉例來說，多年前，我在波士頓參加一場活動時，突然看見有個男人用力抓住一個女孩的手臂，把她拉向一輛車。我當下的假設是，那個人可能是女孩的父親。但如果事情發生在現在，我們對於性暴力事件的敏感度已經大幅提升，我會懷疑那個人可能是一名施暴者，而那個女孩正處於危險之中。究竟哪一種假設才是真的？我不知道。在這樣的情況下，預測、猜想或直覺已經沒有區別。正如我們之後會看到的，決策也只是一種預測或猜想。當時的我根本不清楚實際情況，但假設一切都會好好的；現在的我則可能會採取不同的行動，至少會考慮是否要介入。

我們之所以認為事情能夠被預測，或許是因為我們完全沒發現自己在一天之中做出多少錯誤的預測。我們在生活中遭遇的每一次尷尬情境，都是一個預測錯誤的例子。舉例來說，有多少次，你進商店大門時在該拉的時候推、該推的時候拉？伸手到餐具抽屜拿刀，拿出的卻是叉子？在烘乾機裡找襪子卻一無所獲？在上述情境中，我們都預測自己的行動會成功，但結果卻不如預期。又例如，有多少人預測自己絕不會感染新型冠狀病毒？有多少人預測自己絕對不會失去力量或記憶力？有多少人預測自己就算天天睡眠不足，對身體也不會造成不良影響？對於自己的事情，我們都幾乎會預測錯誤，我們預測他人的能力又會有多好呢？有多少次，我們等待的那通電話總是比預期中晚一天打來，甚至最後根本沒有打來？

對人們來說，更重要且影響更大的預測，或許是由醫學專家所做出來的。母親的醫療團隊原本預測她很快就會離世，因為癌細胞已經轉移到胰臟。基於這樣的預測，他們沒有讓母親鍛鍊四肢的肌肉。正如我在前言中談過的，母親身上的癌細胞消失，這件事本該讓她高興，並為她帶來力量，但專家的預測卻導致她只能坐著輪椅離開醫院，她變得非常虛弱，並可能因而導致她邁向死亡。無論我們是否接受過專業的醫學訓練，我們都無法準確預測未來。如果醫學界能接受這個事實，那麼無論我們的病情多嚴重、年紀有多大，我們都會期望得到以康復為目的的治療。

我們之所以經常會忽視「可預測性錯覺」（illusion of predictability），另一個原因可能出自非正念的自動化思考模式。這可能稍微複雜一些。請想像有個人走過來向你要電話，你覺得他是想搭訕你，那麼你可能預測對方之後會打電話約你出去。但如果你覺得他是想捉弄你呢？這時，如果你被問到覺得那個人會不會打電話約你出去，你的預測一定是「不會」。接著請再想像一下，如果你感覺那個人既不是要搭訕、也不是想捉弄你，那麼你還會做出預測嗎？在這種情況下，你很可能根本不會做出任何預測。

每種狀況、每種行為都可能有很多種不同的理解方式。當我們愈是意識到這種不確定性，就愈不會急著一開始就做出預測；我們愈是覺察到多種可能性的存在，就愈能接受可預測性其實是種錯覺。相反的，當我們只用單一方式看待事物時，就很容易忽視我們的錯誤預測，於是「可預測性錯覺」就會一直延續下去。例如，假設那個人一直沒打電話來，我們可能會告訴自己：他原本想要打電話，只是被一些事情給耽擱了；換句話說，電話雖然還沒響，但那不代表它永遠都不會響。透過這樣的理解方式，我們所自以為的預測能力永遠會是如此完美無瑕。

雖然大多數人都不會輕易承認可預測性是虛幻的，但我們其實可以從文化中看出一些端倪。最富文學性的例子，可能是奧斯卡．王爾德（Oscar Wilde）所說的：「當眾神想懲罰我們，就會實現我們的祈禱。」更常見的則是那句耳熟能詳的警告：「小心你所許下的願望。」願望實現時，伴隨而來的往往是完全出乎意料的負面影響，這正是社會學家羅伯特．莫頓（Robert Merton）所謂的「意外後果」（unintended consequences）。

有些人可能會說，預測仍然有其價值，畢竟我們的預測有時還是會成真。但問題在於，我們無法預先知道哪些預測會成真，而且正如社會心理學家丹尼爾．吉爾伯特（Daniel Gilbert）在許多研究中發現的那樣，即使是那些預測最終確實成真，我們依舊無法預先知道實際情況到底會有多好或多壞。[2]

我讀國中時，只要一早醒來看見外頭在下雨，我就不想去學校，因為下雨會讓我的頭髮變得捲曲毛躁。如果你告訴當時的我，長大以後的我會因為同樣的理由而熱愛雨天，我才不會相信咧。誰會想到如今捲髮可是時髦的髮型，所以，要下雨就儘管下吧。

當然，預測錯誤並非孩童的專利，例如多年後，我遇過一個完全沒預料到的美好驚喜。幾年前，電影製作人格蘭特・沙爾博（Grant Scharbo）與我聯繫，說他們正考慮拍攝一部以我的「逆時針研究」為主題的電影，也就是我們假裝讓時間倒轉，親眼見證參與者看起來變得更年輕的那項研究。沙爾博的太太吉娜・馬修斯（Gina Matthews）會一同製作這部影片，她曾是愛情喜劇《男人百分百》（*What Women Want*）的製片人之一，那部電影由海倫・杭特（Helen Hunt）主演，我們都認為杭特是扮演我的不二人選。

幾週後，我在紐約米特帕金區（meatpacking district）的一家商店購物。你猜誰走進來了？正是杭特。我們兩人都不住在紐約，但就這麼不期而遇。我們是在試衣間碰到對方，所以我有點害羞的自我介紹，並告訴她有關這部電影的事。她比我在銀幕上看到的還要迷人美麗。

結果，杭特最終沒辦法接下這個角色，然後幾年就這麼過去。沙爾博夫婦為了這個角色接洽過許多很棒的女演員，卻總是因為各式各樣的原因無疾而終。後來，他們聯繫上珍妮佛・安妮斯頓（Jennifer Aniston），讓這件事再次露出希望的曙光。他們安排我與安妮斯頓在她位於加州馬里布（Malibu）的家中碰面，連同她的製片搭檔克里斯汀・漢恩（Kristin Hahn）一起共進午餐。

當我第一次走進她家時，我們兩人都很緊張，畢竟我是個大教授，而她是個大明星。安妮斯頓真是讓我大吃一驚，她整個人彷彿在閃閃發光。當我們聊起狗狗的話題，她找出一本雜誌，上面有她和狗狗的合照，照片上的她擺出撩人姿態，這讓她有些尷尬。然而，她的尷尬卻讓我感到安心，她是個非常真實的人，而我非常喜歡這一點。

如果你事先問我，希望由擁有怎樣特質的女演員來扮演我，我不會預料到「真實」這項特質很重要。但對我而言，真實是我最珍貴的特質，而安妮斯頓同樣讓人感覺真實。（或者說她是一位如此出色的演員，以至於我無法分辨真假？）無論如何，她們圍坐在我身旁的地板上，聽我講述我的研究。這次交流的體驗，堪比我參與過最好的研討會。

我們共進一頓美好的午餐，暢飲美酒並自在交談。然而，當餐點結束時，安妮斯頓看起來有點緊張，尷尬的說她要去外面抽根菸。我站起身說我也要一起去。她的臉頓時亮了起來。我說：「這事有些尷尬，但總得有人起個頭。」她說：「是啊，我討厭戒煙的人。」我們離開餐桌來到露台，加深了彼此的關係。

我一直希望這部電影能順利誕生。幾年過去，雖然它還沒實現，但對我來說一點也不要緊。我生活在一個充滿可能性的世界裡，總有令人興奮的事情在轉角處等著我。

風險解釋的不確定性

這引出另一個關於可預測性的重要問題，接下來，我們就來進一步詳細討論。事情究竟是好是壞，出自於我們的大腦，而不在於事件本身。半空的杯子永遠也是半滿的，一切事物都可以有不同的看法，完全取決於我們的自我對話方式。我的母親雖然在還很年輕時就離世，但換個角度來看，她在我的記憶中一直是個充滿活力的美麗女子，並未經歷一般老人每天都要面對的尊嚴喪失感。

就像許多人一樣，我的生命經歷過許多不可預測的事，這一點並不罕見；但與其他人不同的是，事後對於這些經歷的回顧，讓我認清可預測性的虛幻本質。

幾年前的聖誕節前夕，家中一場大火燒掉我近八成的財產，包括我的上課講義和為過節準備的所有禮物。這真是件可怕的事！火災發生的那天晚上，我在大約十一點半從一場晚宴回來，看到鄰居們聚在我家門口。他們在寒風中等待，不想讓我獨自面對這場災難。他們還很關心我家的狗是否平安，這對我來說意義重大。

隔天，我打電話給保險公司，告訴對方我家災情慘重。但我告訴自己，房子裡的那些物品只是身外之物，它們反映著我的過去，但對現在的我並沒有太大影響。當保險員來到這幢廢墟時，他說：「妳在電話中描述的情況遠不如實際情況嚴重，這在我的職業生涯中可是第一次遇到。」在我看來，既然損失已經造成，如果還要把自己的理智也加進損失清單，根本毫無意義。

但面對被火燒盡的書籍和課程資料，我就沒辦法那麼樂觀了。起初，我想告訴系主任我家發生火災的事，並請求免除教學責任，因為我沒有筆記可供教學，而且新學期在短短幾週後就要開始。雖然我確實可以這樣做，但這會增加同事的負擔，所以我決定盡一切努力去完成自己的教學責任。

我開始全心準備即將到來的課程。由於教學筆記已經付之一炬，我聯繫前一年課堂上最優秀的學生，向她借筆記來幫助我備課，彷彿翻轉師生間的互動關係。在第一堂課時，我特別向修課學生描述火災的經歷，提前告知他們，就許多層面而言，我預測這門課的進展或許不會那麼順利。然而結果卻令人感到驚訝，這可能是我教過最好的課程，在完全專注與投入下，這門課為我和我的學生帶來一種全新的體驗。

火災發生後的幾週內，我和我的狗狗住在劍橋的一家飯店裡。平安夜當晚，我離開飯店去吃晚餐。當我回來時，驚訝的發現房間裡堆滿了禮物，這些禮物是飯店服務生和櫃檯人員送的，他們的同情心和善意讓我頓時掉下淚來。當時的我完全沒預料到的是，日後我完全不會懷念任何在火災中失去的東西，可是每年到了聖誕節，我總會想起這群充滿愛心的陌生人，依舊感到無比溫暖。

我想我和大家一樣，生命中遇到的不可預測案例多到不勝枚舉。接下來，我想講一個與我母親有關的例子。

母親當年的工作是宴會經理，負責安排婚禮、成年禮之類的活動。雖然她花重金購置不同款式的禮服，以避免和賓客撞衫，然而有一次，她竟然穿到和新娘母親一模一樣的禮服。禮服款式這麼多，誰能預料到會發生這樣的事？經歷這次尷尬事件後，她下定決心為自己訂做一套燕尾服裙套裝。這種款式堪稱全世界第一套，她相信一定可以避免再次出現尷尬的場面。然而，事實再次證明，我們所經歷的每一個尷尬時刻都是無法預料的。

關於事件本質上所具有的不確定性，我總喜歡以我的狗狗史帕基為例。史帕基有明確的好惡，但你永遠無法確切預測牠對某個人的感覺，不知道牠究竟是會搖著尾巴討拍邀寵，還是會試圖展開攻擊。

有一天，史帕基和南茜（Nancy，我的伴侶）待在她的店裡。這時，有位女士進門，史帕基顯然不喜歡她，於是咬了她的手。傷勢並不嚴重，但南茜一直擔心那位女士的律師會打來一通可怕的電話，她相信自己一定會被告上法院。然而事情的發展卻與她的預測剛好相反，那位女士確實打電話來，但卻是向南茜道謝，說史帕基救了她一命。原來，她在做園藝時不慎觸碰到漏電的電線，幸好那隻手因為被狗咬傷，因而必須戴著厚厚的橡膠手套，否則她很可能會觸電身亡。

我們往往自以為有預測能力，但其實有的不過是後見之明。每當事件發生之後，我們之中有很多人就會馬上變身成「週一早晨的四分衛」（Monday morning quarterbacks）*。從結果倒推回去，我們發現所有情節發展似乎都合情合理，每一個節點似乎都很容易串連起來。珍和比爾會離婚嗎？誰知道呢？然而一旦他們宣布要離婚，我們就會回想起他們對彼此表現出的種種不友善，並且覺得我們早就知道他們會離婚。事實上，我們根本不可能知道這件事，因為他們對於彼此也曾擁有種種親密與善意。

遇見地獄天使

預測風險往往更難。當我還在紐約大學讀書時，我和一位系上同學在寒假期間造訪波多黎各。我們在海灘上遇到兩名正要航行至維京群島的男子，他們熱情的邀請我們同行（實際上是想邀我同學），我們答應了。沒想到，我嚴重暈船，當她喝著酒與人打情罵俏的同時，我在船邊吐個不停，更慘的是，海風把我想吐進海裡的東西全都吹了回來（這顯然不是我預見到的風險）。

當船靠岸後，她決定和其中一名男子留在船上，並說她第二天早上會來和我會合。另一名男子答應送我回飯店，但開到半路，他卻問是否介意讓我提前在公車站下車。我說沒關係，到時我會自己想辦法。不幸的是，公車站剛好位於一家人聲鼎沸的酒吧前，儘管當時的我全身裹滿沙子、海水、防曬乳和嘔吐物，酒吧裡的男士們還是不懷好意的對我大吹口哨。

這時，一輛吉普車停了下來，裡面坐著一對年輕情侶。他們看我一個人站在路邊，於是問我要去哪裡。我現在面臨一個抉擇：我應該搭上這對看起來比較正派的陌生人的車，還是留在原處，讓那些看起來不那麼正派的男人繼續死盯著我看？哪個選項的風險比較大？

我決定搭上這對陌生人的車，「桑丹斯」和「珊迪」答應會送我到飯店。一段時間後，車子穿過叢林，來到遠離人煙的區域，我開始意識到我們的目的地似乎並不是飯店。我立刻問桑丹斯，是否會依照約定送我去飯店，他說他不清楚飯店在哪裡，但等天亮後一定可以找到。

過了好一段時間，我們終於抵達偏僻叢林中的一片空地。我被帶到一個擠滿人的巨大樹屋，裡面大多是壯碩的男人，但也有幾個女人。這些人看起來不

*譯注：美式足球大多於週日舉行，因此到了週一早晨，許多觀眾和專家會對比賽結果和情況，發表後見之明的評論。因此，這個詞常用來說明某人的事後諸葛。

像桑丹斯和珊迪那麼正派。所有人在地板上圍坐成一圈，一個個傳遞著一管大麻菸。我每隔三次才吸上一小口，好讓自己看起來融入其中，但又不至於陷入恍惚。有人問我是否知道他們是誰，我說不知道，他說他們是地獄天使（Hells Angels）*的成員。我試著努力不讓聲音流露出心中恐懼，問他們天亮後是否能送我回飯店。有人問飯店在哪裡，令人害怕的是，桑丹斯立刻不假思索的回答，他顯然一直很清楚飯店位置。於是，我的計畫變成這樣：確保他們喜歡我，這樣他們就不會傷害我；同時確保他們不會太喜歡我，這樣他們才會放我走。

我無法確定他們是否真的是地獄天使成員，或者只是一群試圖模仿者，但無論情況為何，這樣的處境讓人非常害怕。值得慶幸的是，我平安無事的渡過那一夜。事實上，在清晨陽光的映照下，那個地方看起來像是一個健康的六〇年代嬉皮公社。我再次搭上桑丹斯和珊迪的吉普車，他們依照約定把我送回飯店。我下車後，他們甚至還多繞了幾圈以確定我平安進入飯店。

這次經歷為什麼對我充滿意義又畢生難忘？沒錯，這是一次令人恐懼的體驗，但也讓我第一次真正認識到決策的困難性。我是否應該預判自己不該上陌生人的車，即使車上的人看起來乾淨體面、酒吧裡的那群醉漢舉止無禮，而公車又不知道何時會來，甚至到底會不會來？我是否應該事前預測到一切都會安然無恙，而不是度過一個如此驚恐的夜晚？

當其他人認為成功的可能性很低時，行動看起來就會充滿風險。我的父母可能會因為我竟然搭上那輛吉普車而深感震驚，但我清楚記得做出這個決定時的原始情境：那就是我獨自在一家喧鬧的酒吧外等公車，裡面滿是對我做出輕浮舉動的男人。考慮當時的情境，我不會因為搭上吉普車而責備自己，畢竟這似乎是當下相對安全的選項；如果我的父母知道另一個選項是什麼，相信他們也會同意我的決定。

如果我們知道自己為何做出這個選擇，就不會因為沒做出其他選擇而感到後悔。事實上，後悔永遠沒有意義，因為它預設其他選擇會更好。一旦我們做出決定並付諸行動，一切就會發生改變，這意味著我們永遠不會知道「那條沒

*編注：全稱為「地獄天使摩托車俱樂部」（Hells Angels Motorcycle Club，簡稱HAMC），其部分成員被美國司法機關視為有組織的犯罪集團。

選擇的道路」會是什麼樣子。當我們不滿意自己的選擇時，我們常會非正念的認為當初沒選的那個選項會更好，並在每當想起可能錯失一切時感到痛苦。事實上，當初沒選的那個選項可能更好、可能更糟，或者根本沒差。正如我們將在第三章看到的，一個有意識的正念決策過程，可以幫助我們避免落入這種充滿壓力的懊悔迴圈。

讓我們回到維京群島的那場冒險，我搭上吉普車的決定還會引伸出另一個問題：「**為什麼搭上吉普車似乎比較安全？**」理由是，這能讓我更具有掌控感。我不知道公車什麼時候會來，但我可以掌控自己是否要搭上那輛吉普車。當涉及風險評估時，這種掌控感會產生很大的影響，這個現象成為我研究生涯中的第一個重要發現。

控制錯覺帶來信心

當我還是耶魯大學的研究生時，常和其他同學一起玩撲克牌，其中許多人現在都成為知名心理學家。和幾乎所有撲克遊戲一樣，牌是按順時針方向發給每個玩家。有天晚上，莊家發牌時不小心跳過一個人。在她意識到錯誤後，就把下一張牌補給被跳過的那個人。眾人立刻抗議，大喊：「發錯了！發錯了！」他們認為如果發牌順序不正確，每個人都會受到影響，拿不到屬於自己的那張牌。但別忘了，牌是蓋著發的，沒人知道那張牌是什麼。在我看來，莊家試圖糾正錯誤的方式合情合理，但我的多數同學可不這麼認為，即使他們多數是理性的科學家。

我在拉斯維加斯也看到相同的情況。人們堅定守護著他們認為「熱門」的吃角子老虎機，甚至還會親暱的跟機器講話。他們似乎相信以某種方式拉動手柄，或是向機器說些甜言蜜語，就能夠掌控機率。

這讓我開始思考他們的「控制錯覺」（illusion of control），並決定展開一系列研究。[3]在其中一項實驗中，我選擇研究人們如何玩樂透彩。我們製作兩種彩券，一些印有大家都很熟悉的英文字母，另一些則全是些陌生符號，然後我們允許一些參與者選擇他們的彩券。我們所做出的選擇，在能夠控制結果的情況下確實相當重要，但在像彩券這樣無法控制結果的情境中則不重要（這是在州政府提供自行選號以前的情況）。基於樂透彩結果的隨機性，人們應該得出的結論是：選擇哪種彩券其實是毫無意義的。

一旦參與者拿到彩券，我讓他們有機會去交換自認為勝算更大的彩券。實驗結果相當顯著，如果他們手中的彩券印著熟悉的英文字母，那麼想要保留它的人數，會是想要交換的人數的四倍以上。而且，即便是換出去的彩券中獎機率更高，這種戲劇化的交換行為依然會發生。

「控制錯覺」還可以讓人們相信，熟悉感有助於在機率遊戲中勝出，即使我們已經知道它其實根本無關緊要。當然，在重視技巧的遊戲中，經驗和練習的確實可以使最終的結果變得更好；但在重視機率的任務上，練習並不會帶來任何幫助。即使玩吃角子老虎玩到上癮，也不會提高你贏得獎金的機率。儘管如此，我依舊在研究中發現，更常玩機率遊戲的人往往更有信心能在遊戲中取勝。

接下來我想知道，如果只是單純購買一張彩券，能否在人們並未主動參與機率遊戲的情況下觸發其信心。為了找出答案，我利用揚克斯賽馬場（Yonkers Raceway）的一種彩券，觀眾只要支付入場費就能擁有彩券的抽獎資格。我們在第一、第五或第九場比賽開始前二十分接觸現場觀眾，透過問卷評估他們對於彩券中獎的信心程度。結果顯示，持有彩券時間愈長、關注彩券次數愈多的人，就愈有信心自己會中獎。

後來，我在一場辦公室抽獎活動中再次印證這個現象。其中一些人在第一天就拿到印有三組號碼的彩券，其他人則分三天拿到三組號碼，因此後一組人至少會關注他們的彩券三次。當被問到是否願意把手中這張彩券交換成另一張中獎機率更高的彩券時，那些至少關注三次彩券的人拒絕交換的可能性是其他人的兩倍，儘管交換彩券能讓他們更有機會抽中大獎。

這一系列研究中，還有一項是探討「控制錯覺」對競賽活動的影響。在重視技術的競賽中，你的對手是誰確實至關重要，例如當摔角比賽場上對手的體重較輕或技術較差，你就更容易取勝；一場西洋棋比賽的獲勝機率高低，取決於你的對手是國際級大師或一個新手。然而在這項研究中，我們讓參與者參與一場高牌（high card）對賭，這純粹是**機率**遊戲，與技能完全無關。一些人的對手被特意安排為看起來容貌出眾、衣著光鮮又自信滿滿；另一些人的對手則看起來緊張笨拙，並穿著不合身的外套。結果正如預期的那樣，人們認為對手看似是無能的笨蛋時會下更多賭注，儘管牌技對最終勝負一點影響也沒有。

這些有關「控制錯覺」的研究，成為我的博士論文主題。在當時，心理學家認為心理健康的正常人都會以理性方式行事，人們在做選擇時會仔細比較所有選項，並使其效用最大化。但我的研究卻顯示，人們經常表現出非理性行為，會因為「控制錯覺」而放棄更有利的選項。

在取得博士學位之前，我和其他人一樣將論文提交口試委員會並進行答辯。我的口試同樣以典型的方式開始：我先簡短介紹我的研究，然後請口試委員們提問。到目前為止情況都還不錯。接著，其中一位教授提出一些質疑，我盡可能詳細回答，並問他是否暗示我的研究有漏洞。讓在座所有人震驚的是，他表示並沒有漏洞。他說：「事實上，連甜甜圈都沒有，又怎麼會有洞。」他看不出論文中各項研究之間有什麼關聯性，其他委員則和他起了爭論。毫不令人意外的是，口試過程雖然讓我不安，但還是拿到了博士學位，而且對自己的研究依然保有信心。

在當時，我完全無法預料這些研究對未來的影響，我不知道它們會被引用數千次，並成為打破傳統人類理性模型的關鍵。這或許又是另一個可以證明我們不應該太依賴預測的證據。

我們能控制什麼？

我著手研究「控制錯覺」至今已有四十五年，我們對這個現象也獲得更多了解，包括誰更容易出現這種錯覺，以及在什麼情況下更常發生。例如，心理學家納撒尼爾．法斯特（Nathanael Fast）及其同事發現，擁有權力會增加「控制錯覺」，因此富有或教育程度較高者，較容易表現得彷彿更能控制那些無法控制的事情。[4] 其他研究則顯示，這種錯覺會帶來昂貴的代價，像是當金融交易員相信自己有能力控制市場時，就會做出糟糕的決策。[5]

與此同時，我也開始修正對於「控制錯覺」的看法。簡單來說，我現在認為「控制錯覺」並不總是錯覺，雖然可能導致人們在實驗室中做出看起來更糟糕的選擇，但它同樣可以幫助我們應對現實生活中出現的風險和不確定性。從這個角度來看，所謂的「錯覺」往往是一種必要的心理策略。掌控感能夠激勵我們、幫助我們，讓我們能夠處理各種不愉快與困難的情況。畢竟，如果你相信自己對情況毫無控制能力，就會感到無助並變得裹足不前。

一九七二年，心理學家大衛．格拉斯（David Glass）與傑洛米．辛格

（Jerome Singer）進行一項實驗，參與者被安排置身於一種令人不適的噪音之中。[6] 其中一組人有一個按鈕，感覺受不了時可以按下按鈕來停止噪音，但研究者並不鼓勵他們這麼做；而另一組人則沒有辦法控制噪音。結果兩組人都沒有採取行動來減輕不適，但是相信自己能控制噪音，只要有需要就可以解除噪音帶來不適的人，產生的負面反應比較少。

我再提供另一個例子。你等的電梯終於到了，於是你走進去，按下要去的樓層按鈕，但電梯門仍然是開啟狀態。幾秒鐘過去，你的焦慮感不斷上升，為了緩解這個尷尬狀態，你反覆按下關門按鈕。按到最後一下時，電梯門終於關上。

或許你和大多數人一樣，相信那是關門按鈕產生的作用，但實際情況可能並非如此。一九九〇年，《美國身心障礙者法》（*Americans with Disabilities Act*）規定所有電梯必須保持開門狀態至少三秒鐘，好讓身障者有足夠時間進入。為配合這項政策，許多電梯製造商乾脆完全停用關門按鈕功能。

我的觀點是：即使關門按鈕沒有作用，它仍然能夠給搭電梯的人一種掌控感，幫助我們度過電梯門無法關閉的幾秒時間，這種「有作用」的感受確實能夠帶來正面影響。此外，當感覺自己被困在一台沒反應的電梯裡，即使是顆壞掉的按鈕，也能讓我們感覺好過一點。

更重要的是，從個人的角度來看，「控制的錯覺」並不是一種錯誤信念。透過相信自己具有掌控的能力，能讓我們獲得真實的力量。一些心理上的「錯覺」，往往代表著對於特定情況需求的有效回應。這個觀點再次強調我研究中的一個重要主題：人們之所以那樣做，是因為從他們的角度來看是合情合理的，否則他們就會有不一樣的做法。

請試著想像一下，如果不存在「控制的錯覺」，人們都會務實的看待自己影響隨機結果的能力。在這樣的平行宇宙中，人們不會在意自己是否能夠挑選彩券，也不會反覆去按沒用的電梯關門按鈕。這樣的世界聽起來非常理性，對吧？然而，這樣一個理性的平行宇宙也會產生一些問題。當我們放棄「控制的錯覺」，我認為也將會喪失對心靈的掌控能力。例如，如果我們不去按那顆沒用的電梯按鈕，就會更難處理心中的壓力和焦慮感，進而影響我們妥善管理情緒的能力。

就像我在波多黎各搭上那輛吉普車時，就感覺自己重新掌控局面一樣，這或許是種錯覺（畢竟，我跳上的是一輛陌生人的車），但正因為有這樣的掌控感，才能讓我保持冷靜，得以妥善應對之後發生的事。

如果單純將「控制錯覺」視為一種錯覺，還可能帶來一個更大的問題。由於存在許多影響控制的未知因素，如果**不相信自己可以掌控情況的可能性，我們就會低估自己影響事件的能力**。例如，英國電梯裡的關門按鈕是有效的，但如果你用在美國時的經驗判斷關門按鈕是無效的，那麼你就永遠不會按下關門按鈕。這就是為什麼相信自己可能掌控情況會比較好，即使這偶爾會讓我們在科學實驗中不去選擇最佳的方案。

再次強調，對抱持「控制錯覺」的人來說，控制並不是一種錯覺，就像對冒險者來說，冒險並不是一種風險一樣。當人們意識到某個行為是基於錯覺時，他們通常會認為不該繼續這樣做。

但正如我們即將看到的，當我們有意識的察覺自己對於情況具有掌控感，就可以體驗到健康改善及壓力減少的正面效果；相反的，如果我們被診斷患有嚴重疾病，並假設自己對此毫無控制能力，就會認為自己完全無法改善現狀，進而對健康帶來負面傷害。

正念樂觀的生活策略

正念的好處之一，是能幫助我們專注於自己實際能夠掌控的事情。鑑於宇宙本質上的不確定性，以及人類心智的有限能力，倘若假設自己能夠提前預料每一件事的結果與風險，似乎有些瘋狂。如果我們試圖在**做出決策前**掌控一切，只會讓自己徒增壓力和失望；相較而言，更理想的方法是在**做出決策後**，專注於那些能夠掌控的事情。正如我們在第四章中將看到的，試圖預測未來才是真正的「控制錯覺」。決策真正的問題在於：我們不僅會因重大決定而感到壓力，甚至對無關緊要的選擇也會有相同的反應，而承受這種壓力所造成的影響，甚至可能比選擇錯誤而引發的最壞情況還要糟糕。

舉例來說，我們對決策結果感到擔憂，可能演變成防禦性悲觀（defensive pessimism），促使我們不斷為最壞的情況做準備。就我來看，這是一種失敗的策略。事件本身並無好壞之分，是我們的想法賦予事件好與壞的區別。

防禦性悲觀會讓我們不斷尋找負面元素。你尋找什麼，就會找到什麼。我們最終會被負面思想淹沒而感受到巨大的壓力，並為健康帶來不利影響。過度預期結果會失敗，往往就會真正帶來失敗。

我建議採取一種「正念樂觀」（mindful optimism）的態度。這並不表示我們應該盲目相信一切都好，然後把頭埋在沙子裡；相反的，是要有意識的體察風險與不確定性並非什麼新鮮事。世事本無常，我們只是往往視而不見而已。

我們可以感到擔憂，也可以放鬆心情；事情結果可能變好，也可能變壞。如果我們擔憂但結果變好，就是平白給自己增添壓力；如果我們感到擔憂而結果變壞，則往往會因為太過擔憂，因而忘了做更好的準備；如果我們放鬆心情而結果變壞，我們將更有力量去應對；如果我們放鬆心情而一切都開始好轉，我們就可以繼續維持現在的行動。

我們該如何採取正念樂觀的生活策略？新冠疫情發生之初，看著許多人陷入慢性焦慮與悲觀情緒中痛苦掙扎，使我一直在思考這個問題。對我而言，「正念樂觀」必須從貫徹一個有效的計畫開始，例如我會勤洗手、戴上醫用口罩，並遵循社交距離規範。在依循計畫行事之後，我會全心全意的努力活在當下，並默默在心中期待一切終將好轉。

事實上，倘若我們接納生活中必然的不確定性，就能採取一個更有意識的視角去看待既有規則。有段時間我因為腳踝骨折而住院，常常畫水彩畫打發時間，有位護理師對此很感興趣，所以我嘗試從我的角度教她如何畫畫。我告訴她，不用擔心是否符合「正確方法」或「繪畫規則」，放手去畫就對了。我向她解釋，當我犯下一個「錯誤」，卻使得整幅畫變得更生動時，那麼這些錯誤反而成為通往嶄新事物的入口。

由於許多人相信藝術是主觀的，因此可以輕鬆接受如此激進的建議，就像那位護理師，她似乎十分享受這種自由隨意的繪畫方式。相較而言，科學家們則不太願意放棄對確定性的執著。儘管科學研究有著客觀性的氛圍，但是別忘了，所有被研究的變數（無論種類與數量）都是由帶有主觀偏見的人所選擇。當變數改變，研究結果亦將隨之改變，這同樣只能得出一種可能，而非絕對正確的真理。我們應該放棄對客觀機率、風險預測的執著，以及非對即錯的決策觀點；相反的，我們應該將每一次的選擇，都視為成長和學習的機會。

一旦我們這樣做，就會發現自己不再為壓力、懊悔等情緒所苦。我們將發現，自己所身處的這個世界不再那麼可怕，甚至成為一個更加有趣的地方。

第3章

豐饒世界

我們之所以感到富足，不在於我們實際擁有多少，而是取決於我們能否享受自己所擁有的一切。

——讓．安托萬．普帝－桑（Jean Antoine Petit-Senn）

當你看到半杯水，你是會說「杯子半滿」的那種人，還是「杯子半空」的那種人？我們在很多場合都會聽到這種截然二分的說法，在這個老套問題背後所討論的，其實是「豐饒」（plenty）或「匱乏」（scarcity）的視角差異。

我的一個朋友擁有一種天賦，能夠用負面眼光看待世間的一切（至少我最初是這麼理解的）。有一天我購物回來，興奮的告訴她，我買到一雙特價運動鞋。沒想到，她看起來卻十分沮喪。

我很快就意識到，雖然我認為是在跟她分享好消息，好讓她也能趁特價買鞋，但她卻將這件事視為一場零和遊戲。在她看來，如果我得到些什麼，那麼她能得到的東西就會變少。由於她生活在一個匱乏的世界裡，所以用直覺假設我已經買走最後一雙特價運動鞋。

有些人眼中看到的，則是一個豐饒的世界。以我為例，如果我聽說有人用實惠價格買到好東西，我會認為自己也能得到。這背後的假設是：這個世界擁有足夠的資源，鞋店裡一定還有更多特價鞋等著我去買。

抱持不同的視角，就會型塑出不同的人生樣貌。但我們往往認定一個人一旦抱持「豐饒」或「匱乏」的視角，就會永遠固定不變，導致情況變得更糟糕。也就是說，我們錯誤的認定：如果你看到一個匱乏又有限的世界，你就注定永遠看到一個匱乏又有限的世界（例如，我的朋友永遠都會忌妒那些買到特價鞋的人）。

好消息是，正如我們很快就會了解到，視角並非永遠固定不變，可以隨時採取全新的觀點。尤其在涉及健康與老化經驗時，當我們嘗試改變視角，就有可能大幅改善我們的生活。

「常態分布」真的是一種常態嗎？

有限資源的假設早已深植人心，所以我們相信才能、技術及物質資源全都呈現「常態分布」。舉例來說，如果我們讓一群人做智力測驗，並把他們的得分繪製成圖表，多半會看見一個鐘形曲線，這就叫做智力的常態分布。少部分人的智商很高，大多數人的智商接近平均水準，另外一小部分人則智商較低。無論你談論的是智商或外貌、自制力或善良，我們都假設有些資源在人群中呈現不均等分配，少部分人擁有很多，大多數人擁有平均水準，而我們當中的一小部分人則擁有很少。

那麼，健康也呈現常態分布嗎？我的看法是，把健康看成隨機分布的靜止狀態是愚蠢的；然而，這卻是多數人看待健康的方式。顯然的，我們的健康是可以改善或惡化的，它並非隨機分配，也不是呈現常態分布。當我們接受只有一小部分的人能擁有健康，而另一些人則注定會生病時，我們將蒙受極其嚴重的損失。事實上，健康的機會是均等的，幾乎每個人都可以擁有良好的健康。

然而，「資源匱乏」的概念依舊無所不在，其背後潛藏的信念是：不可能人人都擁有能力、智慧、美貌等等。人們將這種分布方式命名為「常態」，彷彿不能有別種分布方式存在；然而，有些事物事實上並非是匱乏的，既然如此，我們要問的是：「為何這種關於匱乏的迷思依然屹立不搖？」我們還可以換個問法：「誰能從匱乏的視角中得利？」

如果有足夠資源讓我們每個人都平等獲得良好發展，那麼為何有人應該被看成比其他人更優越？有人想位居金字塔頂層，就必須有人墊底。如果人人成績都拿A，我又如何被視為全班最聰明的人呢？因此，為了證明任何一種崇高地位的合理性，享有較高地位者必須設法證明自己比次一地位的人更專業、更具資格。如果人人都具有相同資格，就沒人可以位居頂層。換句話說，為了維持地位，人們創造出能夠讓自己繼續待在那裡的規則及衡量標準。

要打破「資源匱乏」與「常態分布」的假設並非易事。如果我有一項「有限」的資源需要分配，例如幫學生寫一封有力的推薦信，那麼通常會傾向於將資源留給在課堂上拿A的學生，而很少會去考慮他們在其他課程獲得的成績。我的決策研討課程往往會吸引一群傑出的學生，因此，有時他們都應該並確實獲得A的優異成績。學校發現這件事後，卻跑來責難我。他們印發一份文件給我，上面列出被我評為A的每位學生在其他課堂得到的成績，用意是強調我給的成績是個異數。我因為將所有修課學生視為同樣聰明而備受壓力，但這並不表示我們應該廢除成績或考試；相反的，我所反對的是我們看待成績的方式，反對將傳統的打成績方式視為不容侵犯的衡量成功標準。

當然，某些資源確實是有限的。例如某科系開放三個研究生名額，但有五十位申請者，該系勢必要根據一些預定標準進行審核，以決定誰最有資格被錄取。我們要問的是：「**是由誰來決定這些標準？**」畢竟設定標準的是人，正如第一章討論規則議題時所談到的，不同人看待事情的標準也會有所不同。

除了試圖創造客觀標準存在本質上的缺陷外，我們還得繼續追問另一個問題：「如果該系明年開放五十個研究生名額，那會發生什麼情況？」如果我們認為審核標準是客觀的，明年自然應該沿用相同標準來甄選學生，結果將留下部分名額從缺，而不是質疑這些標準是否真的適用。

當我們沒意識到原始標準的主觀性時，就不會尋求更符合需求的解決方案。相信固定標準能讓我們更容易做出決定，並且進一步讓我們更加確信，這套標準背後的邏輯經得起時間和不同情境的考驗。換句話說，因為我們過去用特定標準選擇研究生，就認為這必定是以後選擇研究生的最佳方式。試想，某位申請者的大學成績很差，那麼他很可能會被直接拒絕；但如果他的成績確實不佳，但卻是一篇學術期刊論文的第一作者，這時，我們還應該拒絕他嗎？

標準由誰決定？

再舉另一個例子。在我還是個小女孩時，我父親擔任鎮上少年棒球聯盟的教練。在每個賽季開始前，他都會要我朝特定方向擊球，以測試我控制揮棒的能力，還會打出外野高飛球或內野滾地球給我，來測試我的接球能力。我在不同年齡時的各項棒球表現成為他心中的判斷標準，並根據這個標準來篩選參加選拔的男孩。能打得和我一樣好的男孩可能會入選，但我卻不能加入，因為當時少棒聯盟只允許男孩加入。儘管現在回想起來，我還是會對這種不合理的慣例感到驚訝，但當時的我卻從不覺得奇怪，只在心裡暗自想著反正女孩就是沒有資格打棒球。

高中時在一堂進階英語課上，我決定寫一篇關於愛倫坡（Edgar Allan Poe）的報告。老師都還不知道我打算怎麼處理這個題目，就對我的選擇嗤之以鼻。對她來說，有些題目值得研究，有些題目完全沒價值。於是我改以艾茲拉・龐德（Ezra Pound）為報告主題，結果馬上獲得她的認可。我意識到她的標準是：只要詩作表面上看來愈晦澀難懂，那個詩人就愈能得到她的推崇。

我在工作中也常遇到這種情況。我的實驗和研究結果常被人認為簡單到令人難以置信。但我堅決相信，要讓事情看起來簡單，其實是件很困難的事。到底是誰告訴我們，深奧難懂比淺顯易懂更能體現思考的品質？試想愛因斯坦是基於怎樣的想法，才會創造出像 $E=mc^2$ 這樣「簡單」的公式？

天賦、能力、智慧、友善及慷慨等個人特質，通常同樣被人們視為呈現「常態分布」。一旦我們得知自己在分布曲線上的位置，就會照著這樣的定位去生活，從不質疑是誰決定這些標準，以及思考如果我們能夠做出不同選擇，人生又將會有什麼不同。

音樂天賦最容易被視為有限資源。我讀國中時，老師要求每個人都要選一首歌在台上演唱，我選的是〈噢，我的爸爸〉（Oh My Papa）。我每天努力練習，但依舊緊張不安，有人告訴我：你能掌握音準，但似乎無法維持太久。

當天，眼看就要輪到我，結果前一位同學也唱走調，老師耐心引導她，並斥責台下同學發出的訕笑聲。我知道我要倒楣了，這意味我將承受老師火力全開的批評。畢竟如果她對所有人都這麼好，就不能展現這次練習所隱藏的真正目的：展示我們在音樂天賦上的巨大差異。

不幸的是，我的預感完全正確。她明白的說，在班上同學裡，我並不具有歌唱天賦。雖然這算不上羞辱，但對我來說肯定不是個愉快的經驗。後來，我比較調性音樂與東方的無調性音樂的差異，還發現像李歐納．柯恩（Leonard Cohen）與巴布．狄倫（Bob Dylan）這樣的歌手，他們能夠創作出如詩般的歌詞，使得歌聲品質顯得沒那麼重要，這讓我開始質疑用來判斷音樂天賦的標準。我可不是唯一抱持這種看法的人，大衛・鮑伊（David Bowie）在一首獻給狄倫的歌曲中，歌詞就提到狄倫的聲音像加了膠水的沙土。

有限資源的假設，早已不知不覺融入我們的語言之中。每當聽到這種說法，都會立即吸引我的注意。例如我和朋友約好一起晚餐，她打電話告訴我：「我差不多準備要出門，不過得先洗完**我的**澡。」我總是很想回她：「可別把**我的**份也給洗了。」又或者，她有時會跟我說她正在吃**她的**午餐。我認識的許多人都有同樣的語言習慣，這讓我不禁懷疑，他們的成長環境是否真的匱乏到需要用這種方式宣示所有權？

正如十九世紀英國詩人阿佛烈・丁尼生（Alfred Tennyson）所言：「四面高牆並不足以構成一座監獄。」當你覺得自己生活在一個資源匱乏的世界，就可能會把大部分時間花在爭奪有限資源上；相反的，如果覺得自己生活在一個資源豐饒的世界，你就會有餘裕思考更多有趣的事。

試著再努力一點

限制各領域頂尖人數往往被視為是合理的，因為精英們據說都是付出艱苦努力，最終才能抵達頂端。我們堅信努力是困難的，依照這樣的邏輯，即使成功帶來喜悅，終究也難以彌補過程中付出努力必然帶來的不愉快感受。這樣的觀點，只會讓我們打消展開行動的念頭。

當然，如果我們意識到某件事做起來很不愉快，就可能會試著克服這種感覺，並讓自己繼續進行下去。既然厭惡感出於我們的大腦而不是任務本身，那麼以不同的思維方式看待它，將更有可能取得成功。但無論我多努力不過度飲食、不緊張或不生氣，如果我是用意志力來強迫自己嘗試做出改善，那麼我反而更有可能會過度飲食、緊張與生氣。為什麼我就是無法讓自己去健身房？在其他影響因素並未改變的情況下，過度努力反倒可能會讓情況變得更糟。

如果能夠更尊重自己的選擇，我們就不會經歷那麼多失敗。如果某樣東西不好吃，你為什麼要吃它？如果你不喜歡健身房，為什麼不找一種更愉快的運動形式？與其強迫自己做不喜歡的事，不如試著找到替代方案。然而，有許多事情真的難以迴避（在某些情況下確實如此），因此，關鍵在於重新定義我們討厭的事情，當我們試著讓它變得有趣，努力就變得不再必要。

想一想，你會說「我得**努力**去吃點我最喜歡吃的東西」，或是「**努力**去做一些我最喜歡做的事情」嗎？這聽起來是不是有點奇怪？如果我們喜歡披薩或巧克力蛋糕，吃下它們絕不是苦差事。如果我們真正喜歡做某件事，做起來就會毫不費力。當我們真正有意識的投入，就不會因為努力而感到痛苦，甚至根本沒注意到自己是否有在努力。

人們經常抱持一種錯誤想法，認為應該盡可能用最少的努力完成任務。如果你不想做、但又不得不做某件事時，情況看起來確實如此。例如你被叫去洗碗，於是心不甘情不願的走過去，打算隨便洗洗了事，那麼根本無法指望你會真正努力投入。這時，如果有人要你為這個任務做出評價，你可能會說：「這很困難。」但如果你想用非常乾淨的碗盤給某人一個驚喜，這時你就會帶著笑意，愉悅的快速完成任務，你可能會說：「努力？我哪有努力？」

在正念狀態下，「努力」的概念就會自然消失無蹤。例如當我打網球時，從客觀來看確實付出很多努力，但我並不會這樣說。又好比當你試著打開一個包裝緊密的包裹時，你一心期盼看到裡面的禮物，即使過程中耗費不少力氣，但你多半根本不會想到「努力」這個概念。

多年前，我和研究助理蘇菲亞・斯諾（Sophia Snow）做過一項實驗，我們讓所有參與者進行相同的任務，但在描述這個任務時，對其中一半參與者稱之為「工作」，對另一半參與者則稱之為「遊戲」。[1] 儘管這項任務本身就很有趣（是為卡通打分數），但認為自己在做「工作」的人往往難以樂在其中，實驗過程中心不在焉，實驗結束後彷彿如釋重負；相反的，認為自己在玩「遊戲」的人則較能享受這個任務。此外，我們發現「遊戲組」對自身效率有較高評價，而「工作組」則對自身效率評價較低。

這樣的例子可謂不勝枚舉。例如在《湯姆歷險記》（*The Adventures of Tom Sawyer*）中，主角湯姆將漆圍籬視為苦不堪言的「工作」，但經過他用他那三吋不爛之舌影響之下，湯姆的朋友們反倒認為這可是千載難逢的殊榮。又如洗自己的碗盤一點也不有趣，但在朋友家一起用餐後，幫忙朋友洗碗盤就變得有趣許多。這些例子所帶來的重要啟示是：請務必記得，**一個任務未必一定是有趣的，也未必一定是困難的，完全取決於我們如何看待它。**

許多公司試圖透過讓工作看起來更有趣，來增進員工生產力，例如Google在辦公室裡放置乒乓球桌，並將廚房塞滿有機的美味點心。一般認為，這種激勵措施可能帶來短期效果，促使人們願意做一些不那麼有趣的事。但與其「用一匙糖來幫忙把藥吞下」，倒不如設法讓藥物本身的味道變得更好。如果一直試圖幫工作添加東西，來使工作內容變得比較可以讓人接受，最終只會強化工作令人厭惡的印象。

講到這裡，或許有些人會想問：如果每個人都樂在工作，而且能夠輕鬆做好工作，那麼身居頂層的人要如何確保他們的地位？在匱乏心態作祟下，我們之中勢必有一些人要被迫承受痛苦，接下來我們就來談談這個問題。

區分贏家與輸家

匱乏心態帶來最有害的一個影響，就是導致我們習慣將人們區分為贏家與輸家、富人與窮人，或認為有些人較友善或較不友善、較聰明或較不聰明，所以他們較值得或較不值得我們付出有限的資源。

區分贏家與輸家的需求，從我們的人生早期階段就已經開始。我剛上高中時，遇到一個因為沒被邀請加入熱門的姊妹會而躲在體育館哭泣的女孩，而我的姊姊曾是姊妹會成員，所以被視為「繼承者」的我，理所當然獲得加入的許可。這種不公平的感覺讓我很難受，所以我邀請一些在學校很受歡迎的女生到我家，大家決定一起退出姊妹會，並將我們的團體戲稱為「精英」（Elites）。二十多年後，我聯繫上一個高中老友，我們退出姊妹會那天她並不在場。她告訴我，當時她沒有被邀請成為「精英」的一員，讓她非常難過。正如人們所說的，有時人生還真是複雜啊。

身為耶魯大學心理系的研究生，我曾經在耶魯大學心理教育診所（Yale Psycho-Educational Clinic）工作。那裡的病人需要自費看診，而且往往是慕名遠道而來，足以證明他們有很強的動機要改變自己的行為。然而大多時候，他們還是無法改變。我的專業訓練告訴我，當人們具備改變動機並知道該如何做時，他們就會展開行動，所以面對那些停滯不前的病人，總讓我感到沮喪。我很想告訴他們：「去做就對了！」但我也知道，這並不是理想的治療方式。後來我才意識到，雖然他們聲稱很想改變自己的行為，但實際上，他們可能反倒很重視那些行為。

我和哈佛大學學生洛拉琳．湯普森（Loralyn Thompson）決定測試這個現象。我們發給參與者一張紙，上面列有約一百項負面特質，並要求參與者圈出他們希望改變、但目前尚未成功改變的特質；在這張紙的另一面，則以隨機方式列出各項負面特質的正面版本，並請參與者在上面圈出自己所重視的特質。也就是說，紙的一面列出的是「反覆無常」、「衝動」、「輕信」、「固執」、「嚴肅」等詞彙；另一面則是列出「靈活」、「自發」、「信任」、「穩定」、「認真」等詞彙。[2]結果一如預期，多數人試圖改變但尚未成功改變的特質，正是他們重視的特質。

有了這種理解之後，當我回顧我生命中不同的事件時，這些事件就對我有了意義。在我十二歲時的一個夏天，我在夏令營裡和一個不受歡迎的女孩成為朋友，因為她的處境讓我覺得很難過，所以我每天花很多時間和她在一起，希望能讓其他人也能慢慢接納她，但始終沒人願意。最後，在我自認對她已經付出夠多慷慨後，就稍稍對這段新友誼保持一點距離。結果，她唯一感受到的只有我對她的背叛，而不是感激我陪她度過的那段時光。雖然我依舊覺得當時的我是在做好事，但現在的我終於能夠了解，從她的角度來看，我的所作所為不過是居高臨下的施捨，根本算不上仁慈慷慨。

許多人認為，避免去評斷他人的方法，就是更加接納他人及他們的「弱點」，我的看法則完全不同。我相信理解他人行為背後的意圖，才是真正通往不妄加評斷的道路。如果我在心中質疑某人的行為，就會詢問他為何會想這樣做，當我了解之後，通常這些行為都會變得有其道理，即使我不認同這些行為帶來的後果。此外，除非人們自己想要改變，否則我不會嚴苛的評斷他們，也不會認為他們應該改變。例如，我被人騙錢後，可以就此不再輕信別人，但由於我重視人際間的信任，所以我選擇不這樣做。

談到霸凌，對許多人來說，欺負弱小的人就是壞人，應該設法讓他們得到譴責與懲罰。當遭受霸凌時，人們的刻板印象總是霸凌者很強大，這就是為什麼他們讓我們感到無助和害怕。但或許我們也可以從霸凌者的角度來思考，到底他發生了什麼事？

在我眼中，霸凌者是一個極度不安的人，他唯一知道能讓自我感覺良好的方法，就是去欺負別人。如果我們以這種角度來看待霸凌者，就會對他抱以更多遺憾而非害怕。而當我們不再害怕，他就沒有動機來霸凌我們。這也是當我發現某個我所在意的人騙了我一大筆錢時的反應。雖然我感覺遭到背叛，但我最強烈的情緒，卻是由衷的為他感到難過。

穿上別人的鞋：換位思考的問題

有句諺語說：「在穿上別人的鞋子走完一英里之前，我們不應該對其妄下評斷。」如果深入思考這句話，你將會獲益匪淺。接著，讓我們來談談《乞丐王子》（*Prince and the Pauper*）這個故事。有個王子想知道乞丐的生活是什麼樣子，於是和一名乞丐交換身分，穿上乞丐的衣服離開皇宮。[3]據我對這個故事的記憶所及，後來王子在與窮人一同生活後，認為自己已經親身了解那些遠不如他幸運者的人生。試問，王子現在是否已經擁有乞丐的視角？憑藉新得到的智慧，他是否可以更公正的治理國家？在我看來，答案都是否定的。

讓我們試著思考身為乞丐的最大難處，應該是完全不知道接下來是否能擁有足夠的食物與安全。扮成乞丐的王子完全無需為這些事情煩惱，他最後只需要停止嘗試從乞丐的視角看事情，重新回到王子身分即可。乞丐可沒有如此奢侈的選項。

我們經常聽到人們會做出這樣的建議：「所謂的換位思考，就是用和對方相同的方式，接收相同的訊息，產生相同的結果。」如果真是這樣，那麼我們只需要從「他們的角度」看待眼前事物，就可以理解別人的感受。然而，當你真的穿上我的鞋，難道你的腳不會以和我不同的方式重新型塑這雙鞋嗎？我已經習慣自己雙腳的感受，隨著時間推移，我對某些事情會變得敏感，對其他事情則變得麻木，因此，即使你穿上我的鞋，依舊對這些一無所知。如果我們理解和感受訊息的方式，是一生經歷所累積的結果，那麼既然我過的是我的人生，而不是你的人生，我就無法真正了解你的感受。

那麼，穿上別人的鞋子走路可以學到些什麼？與其相信我們已經設身處地理解別人的感受，不如**好好體察原來之前不知道的東西實在太多**。如果我們經常這樣想，就更有可能詢問別人真正想要和需要的是什麼，並且相信他們的回答，而不是假設自己已經知道他們的感受。

在一段關係中，經常會出現一個奇怪的現象：儘管相似的品味讓我們走在一起，但我們往往關注的是彼此的差異。但無論是何種特質，我們其中一人一定會比另一人更好，畢竟兩個人在任何方面都不會完全一樣。所以，就算我們兩個人都喜歡整潔、都擅長管理財務，但總有一個人更整潔一些，或者更擅長管理財務一些。這些差異往往會在人的腦海中放大與固化，於是一個人變成「邋遢鬼」，一個人變成「財務管理能力有問題的人」。

以我為例，我和我的伴侶記憶力都很不錯，但我的伴侶就是覺得自己的記憶力比我好，因為有時回憶起某件事，我卻完全不記得。事實上，當我們一同經歷某個事件時，兩人關注和感興趣的地方可能完全不一樣，某種程度上來說，甚至就像經歷兩個不同的事件，因此我們在回憶自身經歷的方式自然也可能完全不同。就對方來看，可能覺得我非常健忘，但如果轉換一下視角，或許就會發現，這反映出的是一種差異，而不是一個缺陷。

現在，我們來思考一個有趣的問題：有多少人原本被認為是因為老化而導致記憶衰退，但實際上，是因為這種視角差異才導致記憶衰退？如果你使用「麻將」、「皮納克爾」（pinochle，一種紙牌遊戲）之類的詞彙測試記憶力，而不是用「Game Boy」、「魔獸世界」等詞彙進行測試，我相信老人們對前者的記憶量會較高，因為這是他們過去熟悉的遊戲，而現代年輕人則比較容易記住後者。換句話說，許多被視為記憶衰退的案例，其實癥結在於視角的不同，而不是記憶能力的問題。如果我對一件事毫不在乎，因而沒特別注意，那麼後來我無法想起它顯然與記憶力無關，而是因為我從來沒記得過。一個相信只有少數人可以獨占能力的匱乏世界，自然會充斥著天真的現實主義，誤以為對事物的理解方式只能有一種。

在精采的《風格練習》（*Exercises in Style*）一書中，法國小說家雷蒙・格諾（Raymond Queneau）以不同角度，講述兩個男人在公車上相遇的簡單故事。[4]你可能會想：既然這場相遇只涉及到兩個人，所以應該只會有兩種視角吧！但事實上，格諾是從九十九種不同的角度來講述這個故事。我不是要建議大家嘗試從這麼多角度來看事情，但意識到如此多元的可能性，有助於我們理解所謂的現實，未必只能是所有人共享的單一現實。

即使是絕頂聰明的人，也可能落入只用單一角度看事情的陷阱。在耶魯大學時，我的導師羅伯特・艾貝爾森（Robert Abelson）和我準備進行一項有關「瘋狂」的感知研究，但我的進度始終停留在「選定能讓參與者明確感知瘋狂的行為」的研究準備階段。例如，當他說：「一個女人把一張吃完的糖果紙冰進冰箱裡。」我會說：「那不是瘋狂，她是想讓自己在把手伸進冰箱拿點心時，提醒自己今天已經攝取太多熱量。」又如，當他說：「一個男人因為心中一直糾結某件事而徹夜未眠。」我會說：「這也不是瘋狂，他是在嘗試解決問題，畢竟不是什麼問題都可以很快找到答案。」我們就這樣一直沒完沒了的對話下去。

最終，我的隱性信念轉化為一個明確的論點：從行為者的角度來看，其行為必然有其道理，否則他就不會這樣做。對我來說，這可能是我研究生涯中最重要的洞見。

在一篇心理學評論研究中，米尼亞・摩多維努（Mihnea Moldoveanu）與我發現，如果考慮多元的角度，同一個結果在行為決策理論和認知心理學中的幾種不同解釋，都可以得到各種「事實」的充分支持。例如，被心理學家視為輕度從眾者，同時也可被理解為他只是想要順利與人互動；被人們視為容易上當受騙者，同時也可被理解為他只是比較信任別人。[5] 雖然匱乏心態容易讓我們將彼此間的差異視為缺陷，但卻不是非要這樣不可。

匱乏心態對健康的影響

我們該如何跳脫匱乏心態的束縛？或許可以從我對視力的研究中得到一些啟發，同時也能看出匱乏心態與健康問題的關係。其中最重要的是，這些研究提醒我們：**被我們以為隨年齡增長而無法避免的種種身體限制，其實主要是我們心態的產物，而不是源自身體上的問題。**

在一項實驗中，我們從麻省理工學院預備軍官訓練團（ROTC）中招募一批學生。在通過標準視力測驗後，我們要求這些學生假裝自己是空軍飛行員，並駕駛飛行模擬器。由於一般認為空軍飛行員有較佳的視力（視力必須在1.0以上），所以我們假設學生在模擬器中扮演飛行員時，視力會出現顯著改善（我們甚至讓他們穿上飛行員制服，來提升他們的角色扮演臨場感）。果不其然，當他們被要求閱讀模擬器中的微小數字和字母時，有四〇%的「飛行員」視力出現顯著改善，而對照組則並未出現相同表現。這意味著他們抱持的全新心態超越他們身體的限制，心態一旦「改善」，身體也跟著改善。[6]

我們隨後用更大的樣本成功複製這些結果。這次，我們沒有要求學生假裝擔任飛行員，而是要求他們做幾分鐘開合跳，以喚起一種「運動員」心態。結果再次證明，處於運動心態者約有三分之一出現顯著的視力改善。

在另一項實驗中，我們將標準視力檢查表顛倒過來，所以參與者逐行往下讀時，字母會愈來愈大，而不是愈來愈小。我們改變人們的預期，再次使他們的視力出現改善。人們已經習慣檢查表愈上面的字母愈大，所以看得愈清晰，於是他們確實能夠正確辨識一些自己在「正常狀態」下無法看清楚的字母。當然，這個故事真正的寓意是：根本不存在所謂的「正常狀態」，我們能夠看到的，原本就比自己以為的更多。

我們總是任憑「資源匱乏」的假設主宰我們的行為與健康。在這樣的假設下，我們以為有些人注定要比別人差，所以我們對自己極盡嚴苛，對他人充滿批判；我們假設自己無法變得更強壯、更聰明或擁有更好的視力；存在於我們心中的龐大壓力，彷彿是一種必要之惡。我真心期盼我們能夠學會看穿匱乏的迷思，體驗一個充滿更多可能性的世界。

當3M公司研發出的膠水黏性不夠強時，他們原本可以將這種化學混合物視為失敗品丟棄。但他們採取完全相反的行動，也就是恰好善用無法強力黏合的特性，有意識的創造出一個全新的辦公室產品類別：便利貼。同樣的，一旦我們意識到大多數事物都可以發揮多重功能，而不僅僅是最初設想的單一目的，那麼新的資源就會源源不絕的出現。

如果我們能夠採取新的思考方式，學會看穿匱乏的迷思，我們就可以為自己持續不斷變化的身體，找出一些嶄新的契機。

第 4 章

由誰決定？

一旦下定決心，整個宇宙都會一起為你實現。

——拉爾夫・沃爾多・愛默生（Ralph Waldo Emerson）

沒什麼比做出艱難決定更讓人壓力沉重，每當面臨這類決定時，我們的身體都不免會受到影響。

我在一九七四年開始尋找教職時，參加過幾場累人的面試。我對哈佛的一個職缺很感興趣，但當時他們不提供副教授終身教職，所以我決定放棄。收到卡內基美隆（Carnegie Mellon）大學的錄取通知時，我非常興奮，尤其是著名決策理論家兼諾貝爾獎得主赫伯特．西蒙（Herb Simon）發現某天是我的生日，特地和一位同事在電話中為我唱生日快樂歌，更是讓我感動不已。與此同時，我也收到紐約市立大學研究生中心的工作邀請，而紐約正是我的家鄉。我顯然擁有很好的選項，但究竟該接受哪份工作，對我來說是個意義重大的決定，我害怕做錯決定而毀掉未來的人生。

當我拜訪卡內基美隆大學時，我們討論許多關於研究及心理學的話題；但在紐約市立大學，我們談論的話題大多是食物、藝術和政治，而非研究成果。這些差異意味著什麼？到底哪所學校更適合我？我應該做出什麼決定？

這是一個重大的人生抉擇，我非常認真看待它。我蒐集與這兩所學校有關的大量資訊，為該如何選擇而煩惱，甚至因此失眠。我想起大學時歐文．賈尼斯（Irving Janis）教授曾教導我們做決定的最佳方法：先列出所有選項和每個選項的優缺點（對他來說，這個清單似乎是有限的），然後根據每個選項的重要性進行加權（對他來說，這些優缺點似乎是穩定不變的）。於是我按照他的建議去做，結果紐約市立大學的總分始終墊底。

身為土生土長的紐約人，紐約市立大學自然對我極具吸引力。於是我調整列表中優缺點的「權重」，紐約市立大學在列表上的排序瞬間名列前茅。最終，我接受紐約市立大學的工作，開心的在那裡教了幾年書。但這個選擇是對的嗎？如果我選擇卡內基美隆大學做為教學生涯的起點，現在的我又會是什麼模樣？這是我不知道、也永遠無法知道的事。

然而，在我加入研究生中心後的某年夏天，紐約市立大學面臨財務問題，開始延遲發放教職員薪水。這讓我非常擔心，為了以防萬一，我決定看看是否有其他工作機會。這時，我看到哈佛大學教育研究所發布一個臨床心理學家的職位，雖然我並不完全符合資格，還是提出申請。教育研究所遴選委員會認為我並不是這個職位的合適人選，但他們沒有把我的申請書擱置一旁，而是將資料轉發給當時的心理學系主任布蘭登．馬赫（Brendan Maher）。這真是我沒有預料到的事！

馬赫對我很感興趣，經過實際面談後，某天他打電話來，提出在心理學系任職的邀請。我感到受寵若驚，但我告訴他，我知道哈佛不提供初級教師終身教職，所以不打算接受這份工作。馬赫告訴我，雖然哈佛目前沒有提供初級教師終身教職，但並沒有明文規定不行，所以我很有可能獲得終身教職。

現在再也找不到什麼嚴重缺點，所以我欣然接受並收拾行李前往劍橋。我應該考慮更多選項，並且再做一次成本效益分析嗎？如果當時選擇那樣做，事情的發展又會有什麼不同？有時候，人生中的某些決定（就像我決定去哈佛任教）就是如此清晰、簡單且顯而易見。雖然我無法預測到最終的結果，但這確實是個令人興奮的機會。

重新思考決策系統

一九九〇年代，心理學界對於決策的主流觀點，與歐文・詹尼斯提出的邏輯清單比較法一致，認為仔細計算所有備選方案的可能成本與效益，才能做出成功的決策。基本上，心理學家們只是採用經濟學的理性行為模型，再加上主觀經驗（價值具有主觀性，某個人覺得有效益，另一個人可能覺得無關痛癢），形成所謂的「主觀期望效用理論」（subjective expected utility theory）。[1]

我顯然不是以這種方式做決定，所以我的決策理論與這種觀點背道而馳，自然也不足為奇，不僅如此，我也不認為人們在決策時會進行如此繁瑣的成本效益分析。但在分享我對人們「如何決策」及「應該如何決策」的想法前，我們還是需要先了解一下這個研究領域目前的進展。

近年來，決策理論發展重點之一，是將人們的決策區分為兩種模式。諾貝爾獎得主丹尼爾．康納曼（Daniel Kahneman）創造出「系統一」（system 1）與「系統二」（system 2）兩個術語，用來描述這兩種不同的基本決策取向。[2]「系統一」是直覺性的決策模式，特色是速度很快、由本能及先前經驗所驅動，而且經常依賴心理捷徑（mental shortcuts）或捷思法（heuristics）。例如你看見漢堡王招牌，就決定把車開下交流道去買份薯條；朋友在電話中說手邊剛好多一張你喜愛的歌手演唱會門票，你興奮極了，想都沒想就一口答應；或是你直接穿上最喜歡的衣服出門去參加面試，完全沒考慮其他可能性。在這些情況下，我們並非有意識的去做任何成本效益分析，只是憑直覺行動。

另一方面，在康納曼的「系統二」決策模式中，我們會花時間去努力反思自己的選擇，例如我該繼續做現在的工作，還是接受新的工作機會？我該買哪一間房子？在這些決策中，我們仔細計算並比較各個選項帶來的成本與效益，並經常因為不知道如何抉擇而倍感壓力。乍看之下，系統二是種正念的決策方式。

儘管系統一與系統二分別和非正念與正念看起來非常相似，但我認為這樣的相似性不過是種錯覺，而且兩種決策模式都有（或可能有）瑕疵。除非我們將一切都視為決策，否則系統一的「決策」顯然是非正念的，就像我在鍵盤上輸入名字時「決定」該按下哪個字母那樣，並非真正的決策。在我看來，如果我們當下根本不考慮其他行動的可能性，就不是在進行決策。由於是非正念的行動，我們在前進過程中容易忽略眼前的機會，以及有助於避開危險的其他選項。

我認為，系統二同樣可能是非正念的，這個觀點正是我與其他同行看法分歧之處。系統二並非必然是正念的，因為它本質上是需要努力的。想想

「三百七十二加二十六等於多少？」雖然數學計算並非一種決策，但它能幫助我們更準確理解這個觀點。這道題目不算太難，但對大多數人來說還是得費點力氣，關鍵是要運用記憶中的知識來得出答案。在這個例子裡，我們首先要將個位數的二與六相加，多數人不用思考就知道一定是八，這顯然是個非正念的過程。所謂「正念」是有意識的主動注意新事物或考慮新選項，但我們在計算過程中，通常不會考慮還有什麼其他可能選項。

我不確定如何透過正念將三百七十二與二十六相加，但這並不代表計算無法以正念方式進行。舉例來說，如果我問：「一加一等於多少？」人們通常毫不考慮就會回答「二」，但他們也可以意識到，答案取決於現在要加的是什麼東西。如果你把一堆髒衣服加到另一堆髒衣服上，那麼你仍然會得到一堆髒衣服。如果我們將三百七十二件髒衣服一件一件堆成一堆，這個任務愈到後面會愈費力，但這個過程並沒有產生任何新的東西，所以並非是以正念的方式做這件事。現在，如果我們還有耐心，繼續逐一堆上二十六件髒衣服，最終得出的答案同樣是一堆髒衣服。

若以人們一般看待「努力」的傳統觀點來思考，正念似乎並不夠努力。

傳統所謂的努力，是以非正念的方式專注於特定事物，但並不會從中覺察到任何新的東西。為你不怎麼喜歡的人買禮物需要耗費心力，為你心愛的人買禮物也需要耗費心力，但兩種情況卻截然不同。前者是非正念且令人感到疲憊的，因為你一心只想要趕快買到東西；而後者則是正念的，令人感到興奮且充滿活力。但我們往往把兩者混為一談，因此總是忽略正念的努力所能創造出的強大動力。

系統二的成本效益分析同樣是非正念的，因為我們是根據過去情境，僵化的看待什麼是成本、什麼是效益，忽略其實只要換個視角，任何成本也可以是效益。當下的情境或許早已不同於我們過去的認知，但除非我們有意識的思考其中差異，否則往往會對其視而不見。如果你當下重新進行思考，那間曾經讓你朝思暮想希望擁有的房子或許已經不再適合你；那份曾經讓你感到自豪的工作，或許已經變得索然無味。

假設現在你有個機會，必須決定是否要買下朋友的渡假小屋。十年前，當朋友買下小屋時，你就因為它靠近海岸且視野絕佳而羨慕不已。但這些記憶卻可能干擾你當下的決策，即使你已經了解屋內缺乏最新的節能裝置、可能受到海岸侵蝕影響，所以價值早已今非昔比；即使你已經知道很難預測海水暖化會不會影響附近生態、沙灘會不會流失、隔壁會不會搬來一個喜歡整夜大聲播放音樂的人。如果我們忽略上述這些可能發生的問題，只考慮這棟小屋的價格和附近行情相比十分划算、坐在陽台吹海風是多麼享受，那麼系統二決策模式就會大聲告訴我們：買下來！由此可知，在大多數情況下，系統二的理性決策成本效益分析有可能是非正念的。

在原地繞圈圈

這就是我的觀點與其他同行之所以分歧的地方。正如在考慮是否要購買小屋時所看到的那樣，當人們為了做決定而開始衡量成本與效益時，就會面臨無窮無盡的潛在相關資訊，無法得知怎樣才算思考周延，得以正式做出決定。在對餅乾進行成本效益分析時，成本和效益都在你的腦海中，而不在餅乾裡，所以所有的成本和效益，都包含著你的主觀期望與詮釋，例如，餅乾中的糖分可能對你的牙齒有害；但另一方面，餅乾的甜味能讓你感到滿足，還會產生唾液澱粉酶幫助消化澱粉，所以同時也可能對你的健康有益。隨著正反面資訊大量湧入，現在，你該怎麼做決定？

在《哈姆雷特》（*Hamlet*）這部作品中，莎士比亞讓我們看到過度思考的危險性，哈姆雷特花在思考的時間遠比採取行動多很多，幾乎整齣戲都沉浸在如何為父親復仇的思緒中。這種情況不僅出現在文學中，數學家兼策略管理大師伊格爾・安索夫（Igor Ansoff）也指出商業決策中存在相同問題。[3]

事實上，我們大多數人在日常生活中也經常遇到類似的經驗。心理學家貝瑞・史瓦茲（Barry Schwartz）透過描述自己購買牛仔褲的過程，分享自己所經歷的「分析癱瘓」（analysis paralysis）。他指出，分析癱瘓是一種普遍存在的現象，人們相信任何決策問題一定都有一個最正確的選擇，只要努力尋找就能找到它，但結果卻因為過度分析或過度思考，導致無法採取行動或做出決策。他在書中寫到，某次他去店裡選購牛仔褲，店員先詢問他想要的款式，是修身款、合身款、寬鬆款或特別寬鬆款，接著又問他喜歡哪一種水洗款式，是石洗、酸洗或仿舊磨損洗。直到被問到想要鈕扣式褲襠還是拉鍊式褲襠時，史瓦茲終於意識到，擁有選擇感覺很不錯，但過多的選擇反而讓人不知所措。[4]

史瓦茲建議我們，不妨參考卡內基美隆大學的赫伯特．西蒙提出的「滿意決策」模型，也就是別再一味追逐「最好」的選擇，而是要學著接受已經「夠好」（good enough）的選擇。[5]西蒙、史瓦茲及許多人都相信，世上還有其他更好（或更不好）的選項，但找出這些選項的成本太高，高到我們難以負擔。

我不認為擁有更多資訊、更長時間、更多估算是件好事。這些資訊不但無法增進決策品質，還會使我們產生擔心失望及令人手足無措的焦慮。畢竟工作記憶不是無限的，過多新資訊反而會分散我們的注意力。

除此之外，即使提供大量資訊讓人們做決定，大多數人也不會在上頭花太多時間。心理學家查克．基斯勒（Chuck Kiesler）在一九六〇年代進行的一項研究中，分別提供兩種和四種巧克力棒供參與者選擇，並比較決策時間長度的差異。大家可能會猜想，面對愈多選項，做出決定的時間應該會愈長，但研究發現卻完全相反：選項愈多，大家反而選得愈快。[6]史瓦茲與他的同事透過一系列研究發現，當人們為了評估眾多選項而接收大量資訊時，會導致快樂程度、自尊、生活滿意度及樂觀情緒的減少，同時還與憂鬱程度、完美主義及後悔程度的增加有關。

心理學家希娜・艾恩嘉（Sheena Iyengar）也做過類似研究，她提供不同口味的果醬給超市顧客試吃，並觀察他們的購買行為。結果發現，試吃二十四種口味的顧客中沒有人購買其中任何一種，而試吃六種口味的顧客中則有不少人實際購買。[7]艾恩嘉還發現，人們即使在面對像選擇退休金計畫這樣重大的決策也是如此，當企業只提供一至兩種基金選項時，參與人數比提供多種基金選項時多出許多。

品牌專家馬汀・林斯壯（Martin Lindstrom）曾經進行一項實驗，他讓大型連鎖書店員工將展示檯搬走，只留下其中一張展示檯。於是顧客接觸到的陳列書籍不再是數百種，而是數十種。結果發現，銷售量增加了。[8]上面所有例子都在告訴我們同一件事：擁有更多選擇並不會更好。

做出正確的決定

我們經常無意識的用二分法來看待事情，例如：你要不是能夠掌控情況，就是完全無法掌控情況。但真正關鍵的問題是：想要掌控的是什麼？又是以誰的觀點來掌控？

在醫療決策上尤其如此。這類決策的最終結果絕大多數（甚至可能是全部）都具有隨機性，充滿不確定與未知。你應該選擇哪一種療法？醫師通常會從可能的結果來表達各種選項。

在我朋友中，選擇要不要做膝關節手術是個難題。一方面，也許不該動這個手術，因為膝蓋疼痛有可能不用開刀就會改善，而且動手術必有其風險；另一方面，如果選擇等待，情況可能會惡化，導致需要進行更大的手術。有人會告訴你：如果可以盡量推遲動手術的時間，之後也許會發明更好的手術方式；但又有人會跟你說：如果你盡快動手術，就可以早點恢復你的運動計畫。諸如此類的建議已經不勝枚舉，只要你願意，還可以去查閱更多相關醫學文獻，不過，這些文獻通常同樣讓人困惑。

那麼，我們到底該怎麼做決定？我認為應該從認識自己的有限性開始，畢竟人腦並非無所不能的超級電腦。即使人腦真的得天獨厚，還是會受限於一個根本性的問題，那就是若從不同角度看，成本可能是收益，收益也可能是成本。因此，在不確定情境中進行決策時，擁有更多的資訊、時間並進行更多估算，以此做出來的決定也不一定會更好。

事實上，考慮太多資訊還可能適得其反，導致因為對問題過度思考而更難付諸行動。希恩・貝洛克（Sian Beilock）與湯瑪士・卡爾（Thomas Carr）的研究發現，這個現象同樣存在於教育情境中：如果我們對數學問題感到焦慮，就會考慮太多的可能性，因而消耗我們有限的工作記憶，使我們無法順利解決眼前的問題。[9]我們太擔心是否能做出正確決定，反而導致做錯決定。

想像一下，現在你要決定是否買間房子。該考慮買在哪個州、哪個城市或哪個社區？你目前存款中可用於購屋的預算大概有多少？為了回答以上問題，我們可能還需要知道五年內經濟走勢會是如何？股市會持續走揚或緊縮？我們的工作是否會保持穩定？是否會出現大筆意外支出？我們的婚姻狀態是否還維持現況（而且仍然需要一間房子）？我們是否願意繼續承擔擁有房屋所衍生的成本？你會發現這份清單幾乎是無窮無盡的，而且每一項資訊都具有不確定性及變化風險。

這並不意味著我們應該隨機買房，或者乾脆不買房。相反的，我認為我們應該採取一種截然不同的決策方式。我的經驗及研究顯示，與其進行無窮無盡的分析，不如根據當下掌握的有限資訊，放手做出一個選擇；接下來，不用擔心這個決定是否正確，而是要努力使它成為正確的決定。無論發生什麼情況，都要努力從中找到優勢，把這個決定當成「正確的決定」來執行。簡單來說就是：**不要試圖做出正確的決定，而是要讓決定變正確**。

以買房子的例子來說，一旦你決定好要買的房子，就可以透過行動來「讓決定變正確」：開始建立你的鄰里關係，像是到當地學校為你的孩子註冊、親自登門拜訪新鄰居、加入社區健身房等；並讓你的新家溫暖又舒適，像是為你的廚房找到合適的新桌椅、為女兒臥室的電腦裝好Wi-Fi、帶兒子加入當地的少棒聯盟等等。

同樣的原則也適用於你的醫療計畫。也就是說，**不要試圖做出正確的決定，而是透過加入住家附近的健身房，或是進行膝蓋手術後預約物理治療等，來讓你的決定變正確**。我們永遠無法確知膝關節會不會自己好起來，或是只要持續做瑜珈，膝蓋就能獲得改善，也不確定是否很快就會有新的神奇藥物上市；另一方面，我們永遠無法確知手術會不會成功，但也可能在接受手術後，就此擺脫膝蓋疼痛。不論你是否接受手術，下個步驟基本上都一樣：盡一切努力，重新獲得你所追求的無痛生活。滿意決策模型隱含的預設是，確實有一個最正確的決定，但要找出來實在太費心耗神；而我的看法則是，除非決策者試著「讓決定變正確」，否則就不會有正確的決定。

多年前，我和我的朋友、諾貝爾經濟學獎得主湯瑪斯．謝林（Thomas Schelling）聊到我的決策理論。謝林告訴我，他去買一台微波爐後，得到和我基本上相同的結論。由於從未擁有過微波爐，他不清楚自己需要哪些功能。會需要一個用來爆米花或烹調鮭魚的特別按鈕嗎？或者其實只會用它來熱咖啡？由於無法預先確定，他的結論是：最好的決定就是直接先買一台，然後使用看看是否需要更多或更少功能。他沒有糾結於各種選擇之間，而是直接做出選擇，然後努力讓它成為最好的選擇，就算買錯了，至少也能從錯誤中學習。

聽完以後我補充說，即使他下一次選擇功能比較簡單的微波爐（因為這次發現有些功能用不到），這仍然是一個盲目的決定，因為他無法預知自己的生活可能會發生什麼變化，也許他的妻子或孩子在朋友家學到更多關於微波爐的知識，所以現在需要用到那些額外功能。

觀察一個永遠無法下定決心、幾乎對所有事情都猶豫不決的朋友，讓我理解到關於決策的一個新觀點：在做任何決定時，可供我們考慮的潛在資訊會源源不絕的湧入，永遠不會有一個自然的終點。當我們計畫出去吃晚餐時，她總會花很多時間在決定要去哪家餐廳、點哪些菜色，我常會因此覺得掃興。關鍵在於，她深信只有一個正確的決定，我認為這正是她猶豫不決的根本原因。我們在選擇餐廳或牛仔褲時，很容易意識到所謂「正確的決定」其實並不存在，而事實證明，幾乎在做所有決定時都是如此。關鍵在於，可採取的資訊量和替代的行動數量都是沒有上限的。

請想像一下，假設現在你收到一筆三千美元的退稅，你打算怎麼處理這筆錢？要全都存進銀行，還是買股票？要買股票的話，該買哪些股票？如果你想存一部分錢到銀行，再把剩下的錢拿去做投資，那麼要如何分配存款與投資的金額比例？或者你想先花掉一部分，再把剩餘的錢存銀行，那麼錢要花在哪裡、存入銀行的金額又是多少？你擁有無窮無盡的選項，每個選項的優缺點也近乎無窮無盡，唯一的限制，只有我們願意花很大的精力與耐力，去評估完所有的可能性。很顯然的，這並不是一個務實的決策方式。

沒有錯誤的決定

我主張採用另一種決策方式。我同樣贊成根據當下可用資訊來做決定，或者直接忽略它們；但重點在於，一旦做出選擇，就盡可能讓它發揮作用，而不是擔心這個決定是否正確。當我們聚焦於選擇所帶來的好處，就可以把任何選擇視為正確的決定。容我再次強調，**不要試圖做出正確的決定，而是要讓決定變正確**。

這聽起來有點瘋狂，對吧？為了測試這是不是一個合理的策略，我要求選修決策課程的學生在下週上課前，面對別人的所有請求都要說「好」。想去吃義大利菜嗎？好。要不要一起看那部新電影？好。想在雨中散步嗎？好。除非有人要求他們去做不正當或有危險的事，否則他們完全不用多做考慮。下次上課時，大多數學生告訴我，這一週他們過得比想像中好得多！他們不用為任何決定而糾結或感到壓力，每當有些猶豫不知該如何選擇時，他們就會想起我的要求（其實是指令），直接說「好」就對了。

還有一年，我要求學生在一週之內以任意方式做決定，但必須依循一個與決定本身完全無關的原則，例如我建議他們，永遠選擇最先想到或最後想到的選項。一週後，學生們告訴我，不論決定的重要性是高還是低，只要遵循這個原則，就會大幅減輕因做決定而產生的壓力。

隔年，我要求學生在一週內，把任何小事都視為一個必須做出的決定。例如，你不能直接穿上鞋，而是要先決定「我應該穿鞋嗎」，然後決定「該選擇穿哪雙鞋」，接著再考慮下一個決定，例如「什麼時候把鞋穿上」等等。你可能會想，相較於那些直接挑雙鞋穿上的學生，重新思考每件小事的人應該會感覺很困擾吧！但實際上，許多人覺得這樣的生活方式很有幫助，甚至帶來一些趣味。這是因為當你要做很多決定時，就比較能容忍其中一些決定是「錯誤」的。這就像是只有一道題目和有一百道題目考卷的差別，如果必須答對那唯一一道題目時，自然會帶給我們龐大的壓力。

當前主流決策觀點的問題在於，我們往往不僅在面臨重要決定時感到壓力，甚至會因為無關緊要的決定而感到壓力，像我就曾為了要買星河巧克力還是士力架巧克力而苦惱不已。應該「審慎決定」還是「隨機選擇」？不論面對的決定是否重要，這兩種策略似乎都行得通。如果我們能夠審慎決定，那當然很好；如果我們無法審慎決定，那也不要緊，只要我們確定自己這樣做不會造成什麼問題。

主流決策理論中，有一個涉及無關選項的經典「謎題」，剛好能夠說明我們一般做決定的方式。如果你走進一家大型賣場，總能看到一台又大又貴、幾乎沒人會買的電視，它之所以被陳列在那裡，真正的目的是讓消費者覺得第二貴的電視非常划算。對這種現象進行分析後，多數研究者得到的結論是：人們會受無關選項的干擾，因而做出非理性決策。這種觀點的背後，已經預設存在一種「正確的決策」。

然而，如果研究者跟著購買電視的消費者回家，就會發現一旦電視擺進他們家中，無關選項就會消失。這時消費者是否會「恢復理智」並退回電視？答案是：並不會。關鍵在於，他們會讓自己的決定變正確，直接開始好好享受新購買的產品。如果他們是去另一家沒有提供昂貴無關選項的賣場，他們可能會選擇另一台不同的電視，然後同樣對這個決定感到滿意。也就是說，無論他們做出哪個選擇，他們都會讓**那個**決定變成正確的決定。

當決策至關重要時

難道那些位高權重的人在做決策時，都不需要透過成本效益分析，來形成公平公正的決定嗎？我們可以參考沙伊・丹齊格（Shai Danziger）及其同事對司法決策進行的一項有趣研究。他們研究法官用餐時間與假釋判決之間的關係，發現法官在休息用餐之前，做出有利判決的比例會從六五％下降至〇；而用餐休息後做出有利判決的比例，則會重新回升至六五％。[10]這個發現乍看之下十分有趣，但對於那些申請假釋者而言，卻是令人心驚膽戰的現實。我們以為法律上的決策是以大量法律知識及判例為基礎，但他們卻發現，經驗豐富的法官所做出的決定，更容易受到當下飢餓程度的影響。

心理學家透過許多有力的證據，指出一個看似矛盾的現象：推理有時會導致錯誤的決定。他們認為，我們傾向於選擇「最容易向他人解釋的選項」，而不是仔細尋找更好答案後再做決定。此外，我們似乎更在乎「不要看起來顯得太愚蠢」，而不是選擇最佳方案。我倒是覺得這其實沒什麼問題，因為本來就不存在客觀上正確的決定。

還記得我那趟維京群島之旅嗎？當我必須決定「搭上那輛吉普車」或「等待一輛可能永遠不會來的公車」時，我既沒有做成本效益分析，也完全沒想過該如何向別人解釋我的選擇，我只知道我害怕繼續等待，所以決定跳上那輛吉普車。有些最好的決定，是在沒有任何理由的情況下做出的，尤其是在緊急情況下，根本就不需要任何理由。緊急情況的本質，就是沒有時間仔細尋找替代方案、進行成本效益分析等等，但你依舊必須馬上做出決定、馬上採取行動。

消費者行為也是如此。許多人可以在三秒鐘內決定自己要買什麼，像我只要看到菜單上有軟殼蟹，可能不到兩秒鐘就會做好決定；然而，也有許多人似乎很難跨越做出決定的那條終點線，不論是決定買哪件外套或是吃點什麼。對於快速做出決定者而言，成本效益分析似乎派不上用場；對於很難做出決定者來說，進行成本效益分析可能只會讓情況雪上加霜。

雖然人們認知上認為決策前應該盡量參考更多資訊，但事實上卻並沒有這樣做，即使是那些經常需要做出重要決策者也是如此。先前提過的心理學家艾恩嘉的研究發現，執行長們用不到九分鐘時間，就做出五〇%的決定。可想而知，他們通常不太可能廣泛的進行成本效益分析。

一旦做出決定，我們永遠無法確切知道如果當時做出另一個選擇，結果會是如何。以拉斯維加斯金沙賭場（Las Vegas Sands casino）、皇家加勒比郵輪（Royal Caribbean cruise line）和美光科技（Micron Technology）為例，這些企業各自在成功多年後，連續兩年虧損超過十億美元。你可能會認為，在第一年虧損後，他們很有可能會決定退出市場，以防止更大的損失。但事實上，每家公司都決定繼續經營，並在日後實現更大幅度的成長。

我舉這個例子，並不是主張我們永遠不要改變策略，我想說的是，我們無法知道某一個決定是否必然會比另一個更好，我們也無法知道那條沒有選擇的道路會有怎樣的風景，它有可能更好、有可能更壞，也有可能根本沒什麼不同。

決策與情緒有關

心理學家們通常假定，決策的後果不是好就是壞。「展望理論」（Prospect Theory）的重要研究則顯示：對人們來說，損失的痛苦往往遠高於獲益的快樂。舉例來說，當一項手術被描述為「有九成的成功率」時，人們可能會決定動手術；但被描述為「有一成的失敗率」，人們則傾向於避免動手術。[11] 儘管兩個選項從客觀上來看是一樣的，但引發的情緒卻大不相同。

神經生物學家安東尼歐．達馬吉歐（Antonio Damasio）的研究，讓人們注意到情緒對決策的影響。自柏拉圖以來，人們普遍認為應該要用理性來克制自身情緒。但達馬吉歐認為，情緒不僅不會妨礙決策，更是做決策時不可或缺的關鍵因素，因為情緒會將事物標記為好的、壞的或不好不壞的，讓我們在無意識中建構出這些感覺的記憶，成為我們未來做決策時的基礎。[12]

達馬吉歐的觀點，主要源自他對患者的觀察。大腦前額葉皮質（此處與大腦決策功能有關）損傷患者無法做出決定，他們在做成本效益分析能力上沒有問題，問題出在每當他們發現一項新的成本，同時也會發現一項新的效益。達馬吉歐發現這些患者喪失情緒記憶，而情緒記憶能讓決策者感受到選項是好的、壞的或不好不壞的，從而幫他們做出選擇。結果，這導致患者連做最簡單的決策，也需要花上好幾個小時。

我的觀點與達馬吉歐及其他提出決策理論的學者不同。他們都抱持一個假設，明示或暗示決策結果一定是好的、壞的，或不好不壞的。儘管他們都承認，對一個人來說是好的，但對另一個人來說未必是好的，而且所有不好的選擇都可能含有一些好的成分，反之亦然，但他們依舊秉持著一項假設，認為決策結果具有本質上的好壞區分。

就我來看，你不能說某個選項有六個面向是壞的、三個面向是好的，所以它就必然是個壞的選擇。我的想法是，每個面向都可以同時是好的或不好的，取決於我們如何陳述它。如果我問：「你想和我朋友約翰一起出去嗎？他這個人的觀點總是前後不一，又常常改變主意。」這時你可能會說：「不要，我何必自找麻煩呢？」但如果我換個方法問：「你想見見我朋友約翰嗎？他是想法非常靈活的人。」這時你就可能會答應，儘管「前後不一」和「想法靈活」其實是描述同一件事情的兩種方式。

機率的不可靠性

機率取決於我們理解事物的方式，當理解方式改變了，機率也會隨之改變。例如，如果我和某人眉來眼去，我的伴侶可能會生氣。但怎樣的行為算是

「調情」?怎樣的反應又算是「生氣」呢?

評估過去的決定,同樣可能會沒完沒了。我們會把過去的決定視為成功或失敗,端賴我們選擇哪些資訊來進行評估,例如:「還好我們沒去那家新餐廳,否則我肯定會吃過量。」或是:「可惜我們沒有去那家新餐廳,那會是一次美好的體驗。」我們可以肯定自己所做過的任何決定,假設你有事請我幫忙,如果我覺得你是需要幫助的人,我可能會說好;但如果我覺得你是頤指氣使的人,我可能會說不。由於我們可以改變任何已發生事件的意義,所以多數人都能夠為自己的決策辯護;不幸的是,有些人卻會不斷尋找那些證明自己決策錯誤的理由。事實上,無論是上述何種情況,我們可以向自己證明,根本沒有「正確的決定」等著我們去做。

當然,有些決定對我們的人生影響更大。決定「看哪部電影」的重要性,當然遠遠比不上決定「去哪間公司上班」、「和誰結婚」或「是否接受手術」。然而儘管重要性不同,決策過程基本上是相同的。理論上,我們可以評估大量的結果,每個結果都可以被視為正面或負面的。我們每發現一個新的可能性,都可能改變我們的決定,但並沒有一本規則手冊告訴我們,做決策前到底該考慮多少資訊。

假設手邊所有資訊都顯示你該買下某間房子，但之後你收到新的資訊，得知附近要蓋一條新的高速公路，所以你立刻打消買房的念頭；然而，沒過多久你又收到資訊，政府會為該區住戶提供豐厚的補償金，於是你又再次改變心意，由此可知，我們可以蒐集到的潛在相關資訊永遠不會有一個自然的終點。此外，如果每個正面因素也可以被視為負面因素，那麼像成本效益分析那樣把它們加總起來，並不能告訴我們該如何做出決定（一個收益減去一個成本，最終等於零）。

讓我們回過頭來思考一下滿意決策模型，也就是西蒙提出的決策方式。西蒙認為，只要考慮足夠的資訊，就可以做出明智的決策，無須擔心所有可能存在的資訊。[13]然而，這種決策模式背後的預設依然是決策有好有壞、資訊多總比資訊少好，這讓我無法苟同。

以決定是否要服用維他命為例，假設我們問十個人，每個人都表示服用維他命讓他們獲得良好體驗，那麼這是百分之百的支持率，看起來相當有說服力。接下來，我們問一百個人，所有人也都同意，那麼這似乎更具有說服力，因為資訊量是之前的十倍。但我們無法肯定，如果再去問另外一百個或一千個人，他們是否也會有同樣的回答。此外，任何一項新的資訊，都有可能改變我們的想法。想像一下，如果我們問到第一百零一人時，他說他的配偶因為不知道自己對維他命過敏，導致服用後引發嚴重過敏反應，這時我們的決策是否會有所不同？

再者，如果我們仔細檢視每一則資訊，會發現它們背後有許多差異。如果有一百個人說他們服用維他命後有很好的體驗，其中有多少人是每天服用，多少人只是偶爾服用？有多少人沒如實回答？有多少人是因為深信維他命的效用，而產生感覺身體變好的安慰劑效應？再說，他們所謂的「良好體驗」指的又是什麼？

與健康相關的決定讓人格外感到不安，因為我們希望能夠得到確定的答案。我的朋友茱迪被醫師告知，發現一個可能是乳癌的腫塊，醫師建議她做保留乳房但切除腫瘤的手術，並表示她不必擔心這樣的做法。儘管她決定動手術，但還是尋求其他醫師的意見。

第二位醫師問茱迪是否是阿什肯納茲猶太人（Ashkenazi Jew），因為那個族裔背景的人比較可能具有乳癌基因。當她回答自己是該族裔時，醫師建議進行基因檢測，但又說，如果檢測結果的確帶有乳癌基因，那麼除非她準備好考慮做雙側乳房切除手術，否則做基因檢測也沒有什麼意義。茱迪告訴我，當時聽到醫師的話，她根本就慌了手腳，因為在沒有任何明確的診斷情況下，她就被詢問是否願意考慮做雙側乳房切除手術。在那一刻，她完全不知所措，於是徵詢我的意見。

我告訴她，如果事情發生在我身上，因為一開始並不確定那是不是癌症，我可能會暫時什麼都不做，但每隔幾個月就檢查一次那個腫瘤。而且，即使我帶有那個討厭的基因，我也絕對不會只因為有比較高（而不是一定會）的機率罹患乳癌，就接受雙側乳房切除手術。但這並不表示她不應該這樣做，一切要看她能否妥善的管理潛在壓力。

結果，茱迪認為要承受腫瘤是否屬於惡性所帶來的壓力實在太大，而且她也不想等著做更多的乳房X光檢查，於是決定先進行腫瘤切除手術。不過，後來她發現醫師將手術安排在猶太節慶期間，便開始有點遲疑。我問她，既然根本還不知道腫瘤是否屬於惡性，是否可以先把手術延後一個月。她聽完之後大大鬆了一口氣，於是打電話給醫師詢問，醫師向她保證手術沒有急迫性，也沒有風險，她可以等一段時間再做手術也沒問題。隨著動不動手術帶來的壓力解除後，茱迪終於可以好好享受假期了。

之後，茱迪接受切除腫瘤但保留乳房的手術，而且幸運的是，腫瘤是良性的。既然緊張與壓力都解除，她也就不去做基因檢測了。

這是正確的決定嗎？對茱迪來說，進行基因檢測及事先同意考慮雙乳切除術的壓力，為她帶來非常嚴重的焦慮，以至於她無法清晰思考。後來，她嘗試緩解那些壓力，並聽從我的提醒（畢竟她根本還不知道腫瘤是否為惡性），讓她能夠冷靜下來重新思考自己的選擇。允許自己放慢速度，一次只踏出一步，對她而言是個正確的決定。幾個月後，當她再談論起這段經歷時，她沒有任何遺憾與後悔。

為什麼後悔？

如果沒有錯誤的決定，我們還會後悔嗎？這個問題源自於多年前我做的一項未發表研究。

這個實驗是這樣設計的：研究者在參與者來到實驗時告訴他們，因為時間有些延遲，因此請他們先在一間接待室等候，等到看到牆上的綠燈亮起時再進入實驗室。在等候的這段時間中，研究者給予參與者不同的打發時間建議：第一組被告知可以觀賞《歡樂單身派對》（*Seinfeld*）影集；第二組被告知可以想一想他們的感受；第三組觀賞一部枯燥乏味的影片；第四組則是坐著空等。

二十分鐘以後，一位研究者進入接待室，告訴所有參與者其他參與者已經進到實驗室，並贏走一大筆錢：「喬賺了一百五十元，蘇珊賺了一百七十五元……。」接著，研究者詢問參與者為何沒有進入實驗室？結果每個參與者都大喊：「綠燈一直沒亮呀！」

然後，研究者詢問參與者錯失贏錢的機會感覺如何？結果發現，在等候時間中有善用時間（如第一、二組）的參與者，都能以平靜的態度看待錯失機會一事，而沒有表現出後悔；相反的，第三、四組參與者則是為此憤憤不平又悔恨不已，但他們忘了自己很有可能無法從實驗中賺錢，或是很有可能遭遇難為情或其他的負面結果。

對於一個決定感到後悔，很可能是因為建立在一個錯誤的假設上，那就是認為自己當時沒有做出的決定，會產生更正面的結果，例如：「這份工作糟透了，早知道我就該選擇另一家公司。」「這裡的食物味如嚼蠟，我那時應該去另一間餐廳的。」但就我們所知，另外那家公司或餐廳也有可能會更糟。而且很妙的是，會對決定感到後悔的人，也經常正是相信事情一定會變得更糟的人，若真如此，那麼對自己的選擇感到後悔又有什麼意義呢？

如果選擇沒有採取的選項會發生什麼事，我們永遠無法知道。我們做了決定來採取行動，一旦我們做出某個行動，我們就變得不同了，而且也無法評估那時如果採取另一個行動，會產生什麼樣的結果。

在我看來，當我們做出決定，無論後來發生什麼事，都會有好的部分。當我回憶我在第二章描述的火災時，就會想到當時鄰居對我的善意。即使是在維京群島時我決定搭上那台吉普車，這個經驗也提供我多年來在談話與寫作上的材料，甚至幫助我發展出我的決策理論。

沒有正確的決定

相信存在一個正確的決定，不僅會給自己帶來壓力，還可能傷害我們的自尊，不時責怪自己的無能：「為什麼我這麼笨？就是無法做出最正確的決定？」這導致許多人將自己的人生掌控權交給所謂的「專家」，只因他們看起來比我們更懂得如何做決定；然而，專家未必是以我們的最佳利益為考量，所以這樣做其實非常危險。我對決策的看法是：我們應該積極掌控自己的行動，而不是依賴別人幫我們做出「正確的決定」。

我們愈相信存在一個正確的決定，就會愈難做出決定。有助於做出決定的訊息往往很少，比較各選項優劣的訊息更是難以取得，即使我們真的順利得到所需訊息，仍然必須對訊息進行詮釋，不同的詮釋則可能導致不同的決定。假設最近你認識一個似乎很適合你的人，你該和他結婚嗎？你開始思考：他的行為是有魅力的，還是太過招搖？他是願意信任別人，還是容易受騙上當？如果你認為他是願意信任別人，就加一分；如果認為他是容易受騙上當，就減一分。你會發現，明明是面對同一個事實，我們卻可能做出截然不同的詮釋與決定。

當我們感到難以抉擇時，往往是因為選項之間沒有太大差異，既然它們看起來都差不多，我們不論怎麼選其實都無所謂。如果選項看起來不太一樣，就表示我們有所偏好，這時我們可以直接選擇自己偏好的選項，同樣不需進行太多的衡量與評估。假設你堅持傳統的決策方式，一定要在A和B之間做出抉擇，於是開始認真蒐集相關資訊，好讓它們看起來不一樣。然而，當你發現A是「免費巴黎渡假之旅」，B是「免費市中心一日遊」時，由於你已經有明確偏好，自然不需太費心去做決定。

在我看來，所謂決策，其實是不斷蒐集資訊，直到我們產生明顯偏好的過程。大多數人相信，蒐集到的資訊能夠告訴他們該選擇哪一個選項；然而如果我們繼續蒐集資訊，每一個新資訊都有可能改變我們原本的偏好。例如你聽說巴黎發生恐怖攻擊事件，所以決定改選A；但後來你又發現這個免費方案十年內隨時都可以兌現，所以你又決定重新選B。當我們反覆受到新資訊影響，就會不斷增加壓力，覺得自己早該知道要怎麼選了！但我們真的不會知道。決策永遠都是在不確定的情境中做出的，所以不管我們如何努力，都無法消除不確定性。

這也適用於重大的醫療決策，例如我們對臨終照護的偏好。我們在生命走向終點之前，要決定我們想在最後的階段得到怎麼樣的照顧，但基本上，這就像在黑暗中摸索一樣。我們認為我們會知道自己想要什麼，但一旦真的必須做出選擇時，卻又不太確定，常見的例子是人們改變心意，並且決定即使非常痛苦，還是要繼續活下去。

我同意達馬吉歐所說的，情緒會影響我們的感知與我們選擇考慮的資訊。但我認為更重要的是再加上一句：情緒也常常決定首先我們認為什麼是相關的。就像我決定要在哪裡展開我的學術生涯一樣，資料的蒐集往往是在已經下決定之後才開始進行的。我想留在紐約，所以我蒐集資訊，來讓這個決定變成是最好的選擇。

猜想、預測、選擇與決定

如果做決定不需要複雜的思考、甚至是資訊蒐集，那麼**猜想**、**預測**、**選擇**

和**決定**之間有什麼不同呢？我們都知道，當我們猜測時，多半是因為我們不知道結果會是如何。同樣的，當我們做預測時，也是因為我們不知道結果會如何。當我們做「預測」時，同樣是因為我們不知道可能會發生什麼。做「選擇」時也是如此，如果毫無懷疑，就不需要選擇。做「決定」也與上述情況一樣，每一個決定都要考慮許多選項，無法確定到底要考慮多少選項才足夠，而且每個選項帶來的結果都可以被視為正面或負面。每個決定的背後都存在著不確定性，畢竟如果已經確定，就不需要做決定，例如：當你拋出一枚正面總會朝上的硬幣時，你不用分析就會選正面；如果你知道手術一定會成功，你就會在沒有進一步蒐集資料的情況下接受手術。

在我看來，猜想、預測、選擇和決定之間的差異，在於我們賦予結果的重要性程度，而不是過程上的不同。如果你聽到有人說：「我猜我該接受手術。」或說：「我用丟銅板來決定動不動手術。」應該會覺得這個人很奇怪，但事實上，不論我們蒐集多少資訊，都無法保證手術會成功，也無法知道接受與不接受手術的所有潛在後果，至於手術會成功的信念同樣不過是種猜想。了解這一點，可能會讓我們在做健康決策時稍微容易一些，然而，由於決策的後果對人生影響重大，因此我們還是會盡量蒐集資訊，來幫助我們應對可能發生的結果。

如果結果不重要，我們就不需要在事後為自己的決定找理由。但一個決定的重要性高低，每個人的感受往往大不相同。非正念決策可能會增加壓力，猶豫不決或後悔可能會降低對個人的掌控感，最終對健康造成不良影響。正如前文討論過的，從行動者的角度來看，「控制錯覺」並非錯覺，這意味即使在純粹由機率決定的情境下，正念決策仍然可能對我們的健康有益。

我前面說過，決定與猜想都是在同樣不確定的情況下做出來的，這是否意味著基於決定或猜想而接受手術，兩者根本沒有差別？答案當然是否定的。我們在決定是否要接受治療的過程中，自然會注意與各個選項有關的新事物，這種正念關注對我們的健康是有益的。因此，花些時間在兩種健康選項之間做出決定，應該比單純靠猜想更有益於我們的健康。但錯誤的接受「決策是一種客觀追尋歷程」的觀點，即便是在醫療情境下，同樣並非選擇醫療服務唯一或最佳的方式。

讓我們回顧一下「控制錯覺」研究。我們都知道，做決定通常比單純猜想更花時間，我們在做決定時，會更深入了解可能的選項，並從中獲得更高的掌控感。事實上，在「控制錯覺」研究中，我們發現彩券價值的高低，取決於持有者是否被鼓勵多次關注自己的彩券。也就是說，我們在某件事情上投入的努力和思考得愈多，我們所擁有的掌控感就愈強。

我們對某件事情的關注愈多，就愈覺得自己可以掌控，而當我們在做決定時會比純粹猜想時投入更多關注。這從行為經濟學來看似乎是非理性的，因為「我決定接受的治療」和「我隨機選擇的治療」在客觀上很可能是完全相同的治療，然而兩者在心理上卻有著極大的差異。同樣的，「我們買藥的價格愈高，康復的速度就愈快」看起來並不合理，畢竟我們買到的其實是同一種藥，但研究卻顯示我們確實會復原得比較快（第七章會有更多介紹）。

有時候，我們的決定在其他人看來是不理性的，例如當我們的價值觀和選擇與他人不同時、當我們的偏好發生變化而改變選擇時、當我們的選擇被放在不同情境脈絡下檢視時，但這些評價同樣基於存在「唯一的正確決定」的預設。對此，我要問：「正確與否由誰決定？」一旦我們明白所有決定都具有主觀性，並且放棄客觀機率與對錯的想法，那麼諸如壓力、後悔、對決策能力的負面感受等情緒問題，都將獲得顯著的改善。

第 5 章

思維的升級

治癒是時間的問題，但有時也是機會的問題。

——希波克拉底（Hippocrates）

很多人每天都在不斷進行社會比較，想要知道自己比別人更好還是更差：「我現在比她瘦」、「她看起來比我年輕」、「你有一張百老匯表演門票，而我卻得留在家裡」、「真不敢相信你比我有錢那麼多」、「我的廚藝比他好多了」。我不止一次看到有人獲得讚美，卻讓旁邊的人感到受辱。當我們進行社會比較時，不僅會讓生活變得痛苦，還可能因為怕自己相形見絀，而不願意採取新的行動。

有趣的是，不論是向下比較（我們更好）或向上比較（他們更好），頻繁的社會比較都會造成負面影響。認為自己比別人更好的人，往往更容易在其他事情上覺得自己不如人。

我和實驗室夥伴茱蒂絲・懷特（Judith White）、莉亞特・雅里夫（Leeat Yariv）、約翰・威爾奇（Johnny Welch）的研究發現，頻繁的進行社會比較通常與幾種破壞性情緒和行為有關，包括感到嫉妒、內疚、懊悔、防衛，以及撒謊、責怪和失望。[1]我認為最重要的是，愛比較會為自己帶來壓力，有時甚至還會引發憂鬱，對我們的健康造成負面影響。

著名社會心理學家利昂・費斯廷格（Leon Festinger）認為，我們具有透過與他人比較來形成評價的內在趨力，並預設這是理解自我與他人的唯一方式。[2] 對此，我完全無法苟同，人們在進行許多活動時並不會和別人比較，例如多數人根本沒想過自己在刷牙表現上比別人更好或更差。

不論如何，我們都有充分的理由相信，應該避免進行評價性的社會比較，畢竟，當我們不自覺開始這樣做時，往往會無意識的假設這是唯一理解他人行為的方式，卻忘記去思考，他們是刻意表現得更好或其實根本不在意？他們通常都表現得這麼好，或者你所看到的不過是偶然發生的特例。況且，這些評價標準真的是評斷他們表現的唯一方式嗎？

可以理解的是，當我們面對一個嶄新的新現象、一種預料之外的行為，或者試圖理解他人時，我們會尋求合理的解釋與詮釋。在非正念狀態下，我們往往會直接跳到最顯而易見的結論；但當我們維持正念狀時，自然能夠想像出各式各樣的不同解釋和觀點，視它們為可能性並保留在心中，不會急著決定什麼才是最正確的解釋和觀點。

邁向三級思維

當我還是研究生時，聽過一場耶魯大學社會心理學教授威廉．麥奎爾（William McGuire）的講座。麥奎爾以「說服力」研究而聞名，但在理解心理學家如何錯誤詮釋行為方面同樣頗有見地。有些行為表面上看起來一樣，實際上卻截然不同，他舉出一個例子：有些人不讀《紐約客》（*The New Yorker*），有些人會讀《紐約客》，有些人則是不再讀《紐約客》。第一類和第三類人的行為看起來是一樣的（都不讀這本雜誌），但實際上卻非常不同，因此在進行研究時應該將兩者區分開來。[3]當然，我們還可以再加上第四類，也就是重新開始讀《紐約客》的人，因為這類人同樣能產生誤導的效果，因而讓一些心理學研究者誤以為第二和第四類人是一樣的。

對我來說，這種思考方式不只發生在行為研究領域，而是出現在幾乎所有人身上。於是，我提出我稱之為「三級思維」（Level 1-2-3 thinking）的概念，並想出許多例子。舉例來說，有位女士的拐杖掉在地上，這時有三個人分別經過她身旁：第一個人沒伸出援手，因為他本來就是個不友善的人；第二個人立刻伸出援手，因為他重視善良與助人的價值；第三個人沒伸出援手，因為他認為如果能讓這位女士自己撿起拐杖，不僅能帶給她更好的自我感受，長遠來看，還有助於擁有更好的生活自理能力。從第二個人的角度來看，第一和第三個人似乎都是冷漠無情的旁觀者，但兩人的動機其實完全相反。

大多數時候，當人們試圖解釋某件事情時，會不假思索的找出一個說法，並停止進一步探究下去。我們在對成人與孩童的研究中發現，讓人們思考特定事件或行為的其他可能解釋，就能提高他們的正念。

例如，你看到一個男人正從收銀機裡拿錢，他為什麼會這麼做？或許他是小偷，或許他是正要找錢的收銀員，或者他是在盤點當天現金的店長，或是修理收銀機的維修員，又或許他是正在進行抽查的稽核員。

關鍵是，我們不知道確切的答案。對我們的解釋保持正念（注意新事物），將有助於我們認清世上萬事萬物所具有的不確定性。雖然電腦也能透過感測器持續注意環境中的新事物，但我們顯然無法讓電腦變得具有正念，因為當一個人具有正念時，會開始意識到有些事情自己並不知道，或是知道的並不正確。

「三級思維」概念能提供一種方法，運用多重觀點來改變那些限制我們的思考方式，同時對我們解釋的正念程度進行排序：在**一級思維**的狀態中，我們單純看待事物，並且知道自己不知道；在**二級思維**的狀態中，我們認為自己正在理性行事，並對事物已經形成明確認識；在**三級思維**的狀態中，我們保持正念並運用多重觀點，一旦看清事情可以有多種解釋，就能認識並接受必然存在的不確定性。覺察這些思維層次的存在，是幫助我們開始以正念解釋自身及他人行為。面對任何可能的解釋時，它會讓我們問問自己：是否還有其他解釋存在的可能？

思考「芝諾悖論」

我不認為「三級思維」是一種逐步發展正念的策略。也就是說，並不是從一級開始、進入二級，最後終於到達三級，然後你就能具有正念。相反的，它更像是一種關於人們如何處理特定情況的衡量或描述。

二級思維在本質上是不具正念的，處於這個思維層次的人往往認為自己都知道。然而一切都在不斷變化，從不同角度看也會有所不同，因此這種絕對性的「知道」不過是種錯覺。因此，二級思維者經常犯錯，卻很少對自己感到懷疑。

然而，一旦我們接受任何行為都可能有幾個同樣合理的解釋，就能跨越二級思維進入三級思維，並變得更具正念。當我們能夠更細緻的解釋他人行為，我們的人際關係將因此獲得改善。不僅如此，我們從四十多年來的研究中得知，正念無論在實質或象徵意義上都能讓人更具生命力。也就是說，三級思維是具有正念的，所以對我們的健康有益。

我最不喜歡的是二級思維者對新發明或任何形式進步的回應方式。在二級思維中，人們相信進步是突發性的：一旦出現突破，許多人就會假定這就是最好的結果，並在一段時間內都維持這樣的觀點。我的看法卻不太一樣，我認為總是有更多改進空間。

讓我們來思考一下古希臘哲學家芝諾（Zeno）所提出關於距離的悖論。芝諾假設，如果你打算去一個地方，每次移動所在位置與目的地距離的一半，那麼你將永遠無法抵達。例如，如果你想去的地方距離你一英尺，那麼你移動半英尺後，距離目的地還有半英尺遠，接著你移動半英尺再一半的距離（也就是四分之一英尺），依此類推下去，雖然你離目的地愈來愈近，但還是會有一段距離，即使這段距離可能極其微小。[4]

面對芝諾悖論，一級思維者會靠常識來判斷它是錯的，因為我們總能夠抵達想去的地方。二級思維者會接受這個邏輯論證，並試圖論證它邏輯上的錯誤。至於三級思維者同樣接受這個邏輯論證，但會從不同角度進行思考。例如，如果我們每次都朝目的地推進一半的距離，即使每次的推進距離可能極其微小，最終依舊能夠順利抵達。以節食為例，如果你認為無法阻止自己一次吃掉整盒餅乾，這時不妨想想芝諾說的話，然後留下一半的餅乾。如果你沒辦法留下一半，那就留下四分之一，以此類推。既然每個人都至少可以少吃一小口，就能為我們提供一個新的起點，讓我們有動力繼續練習去改變飲食習慣。每當我們做到原本以為不可能做到的事情時，就會對自身的可能性產生新的看法。

我們還可以思考一下有關自由意志（free will）的問題。假設我正在考慮要搭地鐵A線或D線回家，經過一番考慮權衡後，我選擇D線，並平安順利的回到家。稍後，我得知A線全線停駛，也就是當時無論如何我都得搭D線。那麼在選擇D線時，我是否擁有自由意志？

對於這個問題，一級思維和三級思維者都會回答「是」，而二級思維者會回答「否」，但前兩類人回答「是」的原因卻有所不同。採取一級思維者可能會說：「我確實經過思考並做出選擇。另一個選項是否可行根本不重要，重點是我有做出選擇。」他甚至會直接宣稱自己當然擁有自由意志。二級思維者則會說：「在這個狀況下，自由意志根本是一種幻覺，因為它無法改變我最終會搭上哪一班車」。

那麼三級思維者呢？他可能會將可供選擇的範圍擴大到不只是搭A線或D線，而去思考：「我還有哪些方法可以回家？」於是，選擇就不會只局限於地鐵路線，或許可以步行、搭計程車、搭公車，也可以租一輛車，甚至乾脆選擇去其他地方，或是在地鐵站過夜。當然，要搭地鐵D線也是可以的。

正如我們所見，事情本身並沒有既定的價值，完全取決於我們選擇如何看待它。採取三級思維意味著：我知道自己擁有很多選項，這讓我更有掌控感，因此自由意志並非是一種錯覺。

我們每個人都可以將「三級思維」運用在自己的日常生活之中。當我們看到一個孩子毫無顧忌的行為時（例如在超市裡大聲唱歌），可能會認為他還沒學會社會規範。但當看到一個成年人做出相同行為時，我們需要想想：他是像孩子般不懂規則，還是他很清楚規則但選擇忽視。對於後面這種情況，與其說他是「幼稚到毫無顧忌」，倒不如說是「成熟到毫無顧忌」。

這正是老年人常會受到的誤解。孩子大吃特吃冰淇淋，普遍被我們視為可以接受的「正確」行為，但成年人這樣做就可能被視為「錯誤」行為，因為社會期待心智成熟者知道糖分會影響健康而有所節制。基於相同的理由，社會期待一位九十五歲的人應該主動做出正確決定，減少使用止痛藥以避免成癮；但對一位九十八歲且飽受疼痛所苦的患者，我們應該限制他的嗎啡用量嗎？

更進一步來說，我們在評斷別人行為時應該更加謹慎，因為我們眼中的「錯誤」行為，很可能在某些情境下，有很多理由可以證明它其實十分「正確」（至少對當事人而言確實如此）。此外，如果你因為某個原因做某件事，而我因為另一個原因做同樣的事，那麼進行社會比較又有什麼意義？就像我因為對番茄過敏而不吃披薩，而你因為在節食而不吃披薩，那麼我們之中又有誰比誰更好呢？

「去試」或「去做」？

若從規範性的二級思維角度來看，同一個行為既可以被理解為一級思維，也可以被視為三級思維，這樣的認識對個人以及人際互動都相當重要。

假設有三個正在寫論文的學生。第一個學生看起來沒在努力嘗試，反正只想敷衍了事；第二個學生則在努力嘗試，你可以看出他所付出的巨大努力；第三個學生看起來和第一個學生很像，感覺沒在努力，因為他只是單純「去做」（doing），而不是「去試」（trying）。

乍看之下，第一和第三個學生都顯得不太在意，但原因卻完全不同。如果你做某件事情時看起來一點也不費力，別人往往會覺得你沒有投入足夠的努力和專注。以這兩個學生來說，旁人甚至會責怪他們沒有去努力嘗試，畢竟，雖然他們的動機並不相同，但表面上的行為看起來是一樣的。

可以確定的是，去嘗試總比放棄或敷衍了事要好得多。但更好的方法是直接**放手去做**，畢竟你不用叫一個孩子「試著吃掉冰淇淋」，對吧？

當有人告訴你，或者你告訴自己「去試試看」某件事時，你心底其實認為有可能遭遇失敗；當你「放手去做」時，你將專注於過程而非結果。正如尤達大師（Yoda）所說的：「只有『做』與『不做』，沒有『試試看』這回事。」

實驗室成員克里斯·尼科爾斯（Kris Nichols）和我正在研究學生被要求「**去嘗試**做某件事」與單純要求「**去做**某件事」時的反應。結果發現，面對較為困難的問題時，相較於被告知「去做」的學生，被告知「去嘗試」的學生表現會比較差。[5]例如，在一項針對哈佛大學部學生的研究中，我們測試「去嘗試」與「去做」兩種思考框架所帶來的影響。我們的假設是：當人們以「去嘗試」一詞來界定自身努力時，實際上可能已經為失敗做好心理準備，因此會有較差的工作表現；相反的，當人們用更具主動性的「去做」一詞界定任務時，會更加專注投入當下所需完成的任務，並獲得較好的表現。

在這項研究中，我們邀請九十二名參與者進行共七道題目的測驗，這些題目取自法學院入學考試（LSAT），主要在測試邏輯與口語推理能力。在正式測驗前，參與者分別被指示「去做」或「去嘗試」這次測驗。研究結果證實我們最初的假設：被告知「去做」者答對題數較多（平均答對四·五二題），而被指示「去嘗試」者答對題數較少（平均答對三題）。

或許你會好奇，如果換成「**希望**（hoping）做某件事」呢？研究結果顯示，「希望」與「嘗試」對參與者表現的影響並無太大區別。乍看之下，「希望」似乎較為正面，畢竟抱有希望總比不抱希望好，但以一級、二級、三級思維的比喻來說，在「希望做」與「嘗試做」之外更好的辦法，就是「去做」。

希望其實同樣帶有懷疑的成分，可能會為我們帶來某種壓力。舉例來說，我們早上醒來走進廚房找咖啡喝時，並不是「希望」喝杯咖啡（除非我們不太確定家裡還有沒有咖啡），而是走進廚房直接拿起我們想要的咖啡，我們直接「去做」的行動，反映我們早已認定咖啡就在那裡。

責怪與寬恕

如果你曾經不小心踩到家裡狗狗的腳，你可能會驚訝狗狗是如此快速的讓你感覺不那麼內疚，牠對你絲毫沒有猶豫、指責及憤怒，只有立即的和解。然而，如果你不小心踩到某人的腳，對方的反應往往不是和解，比較可能的是憤怒，他甚至會反推你一把，也許還會對你記恨幾十年。

狗狗似乎比人類更懂得一些重要的道理。寬恕比心懷怨懟要好，這顯然是種更高尚的思考方式，但我認為還有更好的思考方式。別忘了，沒有先前的責怪，就不會有後來的寬恕。儘管幾乎在所有社會與宗教中，寬恕都是件好事、責怪都是件壞事，然而兩者卻是相伴而生的。**每一個寬恕者，也曾經是一個責怪者**。

更糟的是，我們為什麼會責怪他人？通常是因為他們的行為造成不好的結果，所以我們才加以責備。但這些結果可沒有附帶來自天堂的便利貼，註明它們是「好的」或「壞的」，必須由自己判斷要如何看待事件。所以，最終誰會寬恕別人呢？是那些先對世界抱持負面看法，接著加以責怪，最後再選擇寬恕的人嗎？這可一點都不高尚。

寬恕別人比責怪別人要好，但還有一種比好還要更好的思考方式，也就是三級思維：**理解**。當你從別人的角度理解他們的行為時，就會發現根本沒有責怪的必要，自然也沒什麼好寬恕的了。

舉例來說，你邀請一對夫婦晚上七點來家裡吃飯，但他們直到八點才到。我們可以選擇將他們遲到的行為，視為對我們寶貴時間和辛苦張羅晚餐的不尊重，然後整整一小時在心中不斷累積怒氣與責怪。當他們終於到達時，我們會用凌厲的眼神等待他們的懺悔，看看他們的道歉誠意是否足夠，過一陣子再雍容大度的寬恕他們。試問，這個晚上我們會過得開心嗎？

我們其實還有另一種選擇。試著拋開他們沒能準時抵達的無謂擔心，以及對準備好的晚餐涼掉的焦慮，就能將他們的姍姍來遲視為一份禮物。我們可以利用這段時間處理一些拖著沒回覆的電話，或是多看一段正在追的節目或影集，還可以畫畫、上網、讀書或小睡片刻。當他們抵達時，反而可以向他們表達感謝，畢竟我們有多少機會能偶然偷得一時片刻的閒暇時光？於是我們沒有負面情緒及責怪，更不需要寬恕任何人。

當你選擇這種「比好還要更好」的理解方式，就會開始欣賞每個人的負面行為中同時存在的正面特質。正如在本書第三章討論過的，一個經常遲到的人往往會被視為不可靠，但我們也可以說他很率性；一個容易受騙的人，也可以被視為很信任別人；一個看起來陰沉的人，也可能是個認真的人。事實上，每一種被視為負面的事物，同時也擁有完全相反的正面特質。

當你用正念理解一個人時，便無須責怪。你可以欣賞朋友的率性，並因此感到高興，期待聽他們說說今天發生怎樣的冒險，讓他們不得不耽擱一個小時。事實上，每當我們想評斷別人時，就會對更好的可能方式視而不見。一旦我們了解一個行為從行為者的角度來看總有其道理，否則他就不會這樣做，想要做出的負面評斷就會煙消雲散。與其因為我容易受騙而不喜歡我，說不定你會因為我很信任別人而欣賞我。從行為者的角度來看，反覆無常意味著彈性，衝動意味著率性，陰沉意味著認真，不專注代表充滿好奇心，而懶惰其實不過是對這個任務缺乏動機。

我想起我姐姐的朋友多年前在小學教書時經歷的一件事。她班上有一對兄弟，從來不曾在同一天到學校上課。一開始，她懷疑他們是否藉此表達對學校的不尊重，這是對缺席行為的一級思維解釋。後來，她決定接納他們的不尊重，這是二級思維的體現。最後，她發現兄弟倆只能共用一雙鞋子，才恍然大悟自己的負面評斷根本不該存在。

用正念思維過生活

正念思維也可以應用於孤獨感。疫情期間封鎖與隔離的意外收穫之一，或許是讓許多人學會用三級思維來看待社會孤立。新冠疫情發生之前，一級思維者經常是獨自一人並感到孤獨，二級思維者積極參與社會互動與交際，三級思維者則是經常獨自一人並感到滿足。從寫作、繪畫到玩單機遊戲，許多活動都更適合獨自進行。人們總以為我們設法治癒內心深處的孤獨感，但實際上，我們真正需要的是學習積極投入當下生活的思維方式。

「三級思維」也關乎於我們如何整合工作與生活。關於工作與生活孰輕孰重及如何平衡的討論，往往意味著我們決定選擇的生活方式：是帶有壓力的工作步調，或是重視家人之間的互動。

我認為**我們應該追求的是工作與生活的整合，而不是工作與生活的平衡**。在一級思維下，人們過於重視工作而忽略生活其他面向，並經常想著退休後就能享受人生。在二級思維下，人們明白工作之外的生活很重要，然後努力去平衡兩者。在三級思維下，人們將能整合工作和生活，意識到許多「生活」可以提供的也能從工作中獲得，即使對於許多人來說是單調乏味的工作也是如此。

我曾經拜訪一位住在紐約市博物館大廈（Museum Tower）的朋友。儘管現在已經不需要電梯操作員，但這棟豪宅還是雇有一位。我猜想他的工作一定無聊透頂，但他卻徹底顛覆我的想法。他說他為自己設計一個小遊戲：猜測電梯到達我們要去樓層所需花費的時間。我們的目的地是三十三樓，電梯上升過程中，他讓視線避開逐一亮起的數字，透過感覺猜測目前經過的時間。直到電梯達到三十樓時，他才抬頭看了看顯示的數字。

當我們採取三級思維，就會懂得不隨意評斷別人。在一級思維下，你用腦海中有限的訊息任意評斷別人；在二級思維下，你會蒐集充足訊息去評斷別人；但進入三級思維後，你不再習慣去評斷，因為你不再需要透過社會比較來定位自己與他人。當我們不再那麼愛下評斷，人際關係自然會隨之改善，而正如社會心理學研究所清楚指出的，社會支持對我們的健康有益。

我們通常無法明確分辨一個人是處在一級思維或三級思維，因為兩種思維方式看起來非常相似。當你的狗狗被你踩到腳卻願意立刻和你「和解」時，他是天真的完全不懂責怪別人嗎？當然，我們無法得知狗狗心中到底在想什麼。

但如果我們假設狗狗的反應是出自三級思維，牠可能會認為這不過是一次意外，根本不需要寬恕，那麼無論這樣的「寬恕」到底出於一級或三級思維，我們都能向牠學習，並從中獲得成長。

如果一個人處於一級思維，但我們將其視為三級思維，還能帶來幾個好處：第一，藉由認識到一個更好的行為替代方案，我們更有可能接受一種更好的行為理解方式；其次，我們可能會改善與他們的關係；第三，我們更有可能友善對待他們，這又可能回過頭來提升他們的行為。最後，也是最重要的是，當我們停止非正念的評斷他人時，我們就可能停止繼續評斷自己。

尋找生命的意義

「三級思維」概念最重要的功能之一，或許是幫助我們在生命歷程中尋找意義。一級思維中往往會依循外在的意義或目的，我們會做出選擇，但都是相對來說較小的選擇。例如，如果我們想要孩子吃蛋，就不會用像「你想吃什麼？」這樣的開放性問題，而是會問：「你想吃炒蛋還是水煮蛋？」也就是說，他們確實能夠選擇，但選項是有限的。

年輕時的我大部分時間都是在這種思維方式中度過。我做出一些相對來說較小的決定，像是主修哪個科目、申請哪所學校之類，但我的人生「軌跡」似乎是固定的：取得好成績，讓我的老師和教授感到滿意，繼續沿著這條道路前進。

我當初為什麼會選擇心理學領域？我是一個成績全A的學生，所以至少按照傳統標準來看，我在多數學科領域都表現不錯。但我真的很喜歡菲利普．津巴多（Philip Zimbardo）教授的心理學導論課程，於是決定不如主修心理學吧！當時的我是否曾經深入思考，如果繼續維持原本主修的化學領域，對我的人生是否會有什麼不同影響？其實沒有。無論是作為一名學生或教授，在選擇要申請哪些學校時，我都是做出相對安全的選擇。哪些學校最好？好的，我就申請這些學校。我就像是一個正在認真回答想吃炒蛋還是水煮蛋的孩子，但事實上，根本沒有人規定我只能吃蛋。我所做的選擇，完全依循外在的意義。

如果用二級思維來看待我的人生歷程，可能會讓我僵化的進行成本效益分析，根據我的主修、研究領域、職業選擇，仔細估算我在不同條件下的資產淨值規模。但正如我們所見，二級思維通常也是典型的非正念狀態。

事實上，二級思維還有一個一級思維所沒有的缺點：失落感。一級思維看待人生意義的方式，就是根本不去想它；而二級思維則會讓我們認真思考自己的處境，並認真完成我們指派給自己的任務。然而，從二級思維的角度看待人生，我們往往認為一旦開始約會、買車、結婚、離婚、搬到紐約、得到一份工作、離職或退休，我們就會快樂。然而，這是一條充滿失落感的道路，因為每完成一項任務，我們就會感到失落。在不斷反覆經歷這種失落之後，我們可能會開始感覺人生根本毫無意義。

三級思維能否引領我們擺脫這種困境？讓我們回想一下先前從芝諾悖論中學到的東西：因為一切都可能毫無意義（或是芝諾所主張的永遠無法抵達），所以一切也都可能饒富意義。

我們必須選擇拋棄那些外在的意義與目的，由自己賦予意義。採取三級思維方式會讓我們明白，由於一切事物都不具有既定的意義，所以我們可以隨時做出改變。我們的退休時間應該是六十五歲嗎？九十歲？還是永不退休？這些都是可能的選項。你應該當太空人還是鋼琴家？職棒選手還是物理學家？或者以上皆是？為什麼不可能呢？

我現在認為，我可能會因為成為小說家而感到快樂。我從來沒有寫過小說，但為什麼不可能？即使我永遠無法完成這本小說，但以正念投入創作的過程，本身就是最豐厚的回報。

意識到一切事物可能沒有任何外在意義或目的，這種存在主義式的認知可能會造成毀滅性的後果，但同時也可能解放我們，讓我們學習把自己交出去，自由去享受當下所做的事情、所經歷到的一切。

第 6 章

身心乃一體

所以問題不在於看見還沒看見的東西，而是去思考每個人都看見、卻沒有加以思考的事情。

——亞瑟．叔本華（Arthur Schopenhauer）

當我們抱持著將身體和心靈截然畫分為二的觀點，認為人不可避免會經歷疾病和衰老，便會將一些不必要的限制加諸於自身。相反的，當我們意識到身心可以是合一的，便會開始對既有的規則和風險存疑，或發現資源或許並非是有限的，這將為我們帶來更大的掌控力，開拓出過去我們認為不可能存在的大道。

我第一次體認到身心的一體性，是在巴黎渡蜜月時的一家餐廳裡。當時，我點了一份綜合燒烤拼盤。菜單上，拼盤裡每樣食物看起來都相當美味，除了小牛胸腺（Ris de Veau）*；我心裡暗自決定，無論有多噁心我都會吃掉它。那時我已經快二十歲，正努力讓自己看起來成熟一點，畢竟我現在可是已婚人士。上菜後，我先問我先生哪一塊是小牛胸腺，然後開心的享用完盤子上的其他食物。接下來，可怕的時刻來了！我盯著小牛胸腺，努力嘗試吃掉它，但愈吃愈令人作嘔。我看了一眼我先生，他臉上洋溢著燦爛的笑容。我問他：「我感覺噁心，這有什麼好笑的？」這時我才知道，原來我早就已經吃掉小牛胸

*編注：外觀上看起來像是一坨內臟，是在三至六個月大的小牛身上才有的腺體，因此在法國餐廳中屬於珍稀食材。

腺，現在讓我難以下嚥的，其實是塊雞肉。

就在這一刻，一個嶄新的理論就此誕生，儘管我還要花上許多年，才能將它精準的表達出來。

身心二元論

如果你曾因為看到有人嘔吐而感覺噁心，那麼你一定有過心理影響身體的親身經驗，儘管如此，整個西方思想傳統仍傾向於將身心視為分離的二者。亞里斯多德認為，擁有平靜快樂的心能讓我們的身體健康，但柏拉圖和其他古典希臘哲學家卻把心靈和身體視為兩種完全不同的實體，彼此之間少有互動。到了十七世紀，笛卡爾的身心二元論觀點占據主流，成為西方醫學普遍認可的模式。十九世紀時，細菌學家羅伯．科赫（Robert Koch）發現炭疽病的病因，並辨識出造成結核病與霍亂的細菌，則更加鞏固身心二元論的觀點。大約在同一時間，路易．巴斯德（Louis Pasteur）開發出狂犬病和炭疽病的疫苗，證明疾病是由「細菌」造成的，而非之前眾人所認為的不良空氣所引起。

確實，上述哲學思想與科學發現都非常重要，然而這些觀點卻形成一種假設，即疾病是由單向的因果關係所導致。在這個模型下，人的疾病是因為病原體的介入，因而造成身體系統的異常；心理變數對於人體健康也許扮演著微乎其微的角色，但心理問題與身體問題是平行發展的，彼此互不影響。於是疾病被視為一種純粹的生理過程，對於疾病的治療方式，自然聚焦在這個層面上，從前的醫師也往往認定，心理層面的思想與情緒並不會引起疾病。

相對而言，早期東方對於健康的概念則較強調身心的整體性。早在西元前六百年，印度文獻就談到心理狀態與疾病之間的密切關係，認為仇恨、暴力和悲傷都可能有礙健康。大約已有兩千多年歷史的中醫也了解到心理對於身體的影響。事實上，傳統中醫強調氣（生命力）的重要性，並講求以練氣來達到最佳健康狀態。從這些早期的亞洲觀念一路演變，如今的全人醫學強調透過營養、運動、草本療法、芳香療法與其他輔助療法來治療身體。

雖然有些人只接受今日醫學的治療模式，但疾病的「生物社會模式」（bio-social model）卻是當前的主流觀點，這個想法是由喬治・恩格爾（George Engel）所發展，主張疾病是由生物（遺傳、生化）、心理（人格、情緒、認知）

與社會因素（家庭、文化）相互作用而來，因此心理是可以影響身體的。[1]儘管如此，許多人基本上仍抱持身心二元論的信念，認為即使兩者互為影響，但身與心還是分別獨立存在，研究人員們也繼續努力探尋心理和生理經驗之間的關係。每次當我提交一篇研究論文，都對此特別有感觸，因為審稿人總會質疑我：最後導致健康的原因是什麼？他們會問：「你如何能把這個叫作『信念』的含糊概念，推導到『身體』這樣的具體之物？」可以想見，他們心底的假設仍是：身體與心靈是二分的，因此致病原因不可能「只是」來自於心理因素。

更完整的「身心一體」

正如我在本書導論所提到的，我的一些早期研究為後來被稱為「身心醫療」（mind-body medicine）的研究奠定基礎。例如我在安養中心進行的研究顯示，鼓勵老年人做出決定或照顧植物的實驗組，與沒有被鼓勵做出決定或照顧植物的對照組相比，十八個月後實驗組的存活率多了兩倍。[2]

在我進行這項研究的幾乎同一時間，心理學家理查．舒爾茲（Richard

Schulz）和芭芭拉・哈努薩（Barbara Hanusa）發現，讓安養中心的老人擁有何時接待訪客的自主決定權，與他們的壽命具有相關性。[3]我的安養中心研究也發現，如果提供老人記憶訓練，同樣會增加他們的壽命。[4]我的另一項早期研究是比較「主動覺察」正念治療與「超覺靜坐」（Transcendental Meditation），也同樣發現這些活動有延年益壽的效應。[5]不過，相較於我的早期研究較偏重在靜坐冥想，現在的我幾乎將所有工作都關注在沒有冥想的正念。

在得到心理介入可以影響壽命的研究結果後，我們進一步測試身心一體的概念。你可以把這個概念想像成一隻手臂，或是手腕、手肘、上臂或前臂。只要移動構成手臂的任何一個部分，都會牽動或影響到整隻手臂。即使你認為自己只是在移動手腕，但整隻手臂都會受到影響；事實上，你的整個身體也都會受到影響。其實並不是手腕影響了手臂，手腕只是手臂的一部分。同樣的，**每一個信念都會影響身體的每一個部位**。

雖然，現在的科技還不足以讓我們清楚看出身心一體的所有影響，但我相信，終有一天我們勢必會看見。例如現在我們已經知道，將一滴喜極而泣的眼淚和一滴因為切洋蔥而流的眼淚拿來進行化學分析，結果發現兩者成分並不相同。還有數據顯示，乳牙的生長狀況有可能透露長大後心理健康與憂鬱的狀態；也就是說，童年遭遇的壓力與逆境，有可能會破壞牙齒的琺瑯質。

以色列科學家阿西亞．羅爾絲（Asya Rolls）則透過研究發現，我們的免疫反應是從大腦開始的。[6]羅爾絲藉由引發小鼠腹部發炎，發現大腦中的某些神經元因此受到激發。後來，科學家藉由刺激這些神經元，同樣觸發發炎症狀。正如羅爾絲博士所言：「不知為何，這些『信念』改變了真實的生理狀態」。[7]

她的研究還向我們揭示，正向期望可以增強抗菌與抗腫瘤的免疫力：當大腦的「愉悅中樞」受到刺激時，就會減緩腫瘤生長的速度。[8]重點在於，免疫反應是由大腦塑造的，只要抑制相應的神經元，就會讓疾病症狀減緩。

我們身體裡的每一個細胞隨時都在發生變化，無論是當我舉起手臂或是想起我家狗狗，我的大腦都會發生與做出這個動作或產生這個念頭相應的改變。與其假設當大腦思考時，身體機能是不活躍的，或是當身體運動時，大腦是不活躍的，不如將身心視為一個整體，也就是思考和身體反應是同時發生的。

可能有人會問：「照這樣說，假設我失去一條腿或一些體重，是否意味著我也失去一部分的心？」請注意，這裡談的是「身心一體」，而不是「身心平等」（mind-body equalitys），你的心理肯定會受到失去肢體或體重變化的影響，但並非是一比一的影響。也可能有人會問：「如果我的心理一直不停在改變，是否意味著我的身體也一樣在改變？」答案顯然是肯定的，我們的身體無時無刻都在變化。

在哈佛大學心理學系，有一個我們稱之為「豐收日」的重要活動，所有老師會上臺簡報過去一年的研究成果。某次，在我報告對於身心一體的研究後，一位我相當敬重的同事問道：「這當中到底發生了什麼事？」他指的是身心一體的神經科學機制，他想知道的是：大腦發生什麼改變？從產生一個想法到身體發生變化之間的連鎖反應是什麼？當然，這個問題已經困擾哲學家們很多個世紀。

在我看來，身心一體意味著神經變化幾乎是同步發生的，而不是按順序進行。此外，科學家往往只選擇觀察大腦，但實際上我們全身都可能有變化。就像開車時不用管引擎蓋下的運作機制，我們大可不去理會這當中究竟發生些什麼，就能透過改變我們的心來改變我們的生理。我們無須坐等研究者弄清楚背後原理，現在就能讓自己做出改變。

檢測身心一體

我在一九七九年的「逆時針研究」中，對這個聽起來很極端的身心一體概念進行首次驗證。[9]透過這個研究我們想要知道，如果讓一群男性長者在心理上將時間倒轉，對於他們的生理狀態會造成什麼影響。

我們安排這群長者住進一個美麗、僻靜的莊園，並在那裡生活一星期。莊園裡各處盡可能被改裝成二十年前的生活樣貌，長者們能夠在此觀賞一九五〇年代的新聞廣播、電視節目與電影，聆聽自己最喜歡的點唱機歌曲。我們同時要求他們的互動和對話，要反映出現在就是一九五九年，就像穿越時空回到年輕時的自己一樣。實驗結束後，我們安排一個對照組，讓另一群長者們同樣住在相同環境一個星期，他們談論的話題同樣是一九五九年的事，但是使用過去式動詞來談論過去。

在這兩組長者住進莊園之前，我們分別採用生物學、心理學與生理學指標對他們進行測量，實驗結果發現，在一個新的、刺激性的環境中生活一週之後，實驗組和對照組在生物學、心理學和生理狀態等幾個指標的得分上，都比基準值來得高，而且在聽力、記憶力和手的抓握力方面也都有改善。而實驗組在視力、關節柔軟度、手部靈活度、智商、走路姿態與姿勢表現上則優於對照組，在關節炎症狀上也減輕了。這些發現非比尋常！因為多數人總會認為，聽力或視力自然會隨著年齡而衰退，這是不可逆的現象，而且若沒有醫療的介入很難得到改善。

不久之前，我和我的博士後研究員弗朗切斯科．帕格尼尼（Francesco Pagnini）、黛博拉．菲利普斯（Deborah Phillips）在義大利重現「逆時針研究」，這次，我們讓參與者回到一九八九年，像年輕時的自己那樣的生活。同樣的，研究結果發現參與者的身體功能獲得改善。

在其他驗證身心一體理論的研究中，我們同時觀察到可能會激發有關健康效應的暗示。以服飾類型對年齡的暗示為例，廣告往往會告訴我們，某種款式是「專為……所設計」，甚至連商店的設計也隱含著「適合年齡層」的概念。在很多服飾店裡，迷你裙的目標客群顯然並非是設定在我這個年齡層的女性，因此，如果我在店裡試穿迷你裙，恐怕會遭到銷售人員投以不以為然的眼光。這些暗示有時不僅讓人厭惡，甚至還帶有年齡歧視，可能會對我們的健康造成負面影響。

相反的，當大家穿著制服工作，由於制服並不帶有年齡相關的暗示，人們便不會因此而被提醒自己的年齡。我和從前的學生鄭杰吾（Jaewoo Chung）與徐蘿拉（Laura Hsu）做過一項研究，我們在實驗中控制參與者的地位、薪水等變數，結果發現，經常穿制服的人壽命較長。[11]雖然我們無法假設年齡相關的暗示與其造成的負面期望，是導致這些受測者壽命延長的唯一原因，但我認為將這兩者關聯起來是合理的。

事實上，我們甚至不需要借助外部的物理性暗示，就能讓自己看起來變得更年輕，並在健康檢查數據上看到相應的改變。在一項研究中，我們讓女性參與者在剪髮前後拍攝照片，並測量她們的血壓。然而，我們將遮蓋照片中的部分頭髮，所以參與者只能看到自己的臉。

然後，我們讓這些女性評估照片中自己的外貌，詢問她們後一張照片中的自己是否看起來比較年輕。結果顯示，對許多女性而言，光是因為剪頭髮就能讓她們相信自己確實看起來更年輕（她們知道哪張照片是剪髮後拍的）。接下來才是重點，我們請其他人評價這些照片，結果他們同樣覺得剪髮後的照片看起來比較年輕。對這些女性來說，相信自己看起來更年輕還帶來健康上的好處，因為她們的血壓變得比較低。

為了測試生理感知對人的影響，我與我當時的哈佛學生（現在是史丹福大學教授）阿莉亞．克洛姆（Alia Crum）曾進行一項飯店女房務員實驗。[12]房務人員的工作非常耗費體力，但許多房務人員並未將自己的工作視為「運動」，而認為運動是在工作之前或之後做的活動。我們的實驗則想要了解，如果我們能改變房務人員的想法，讓他們將工作看作是運動，能否為她們的身體帶來一些影響？

我們把參與者隨機分成兩組：對照組只給予一般健康資訊；而實驗組則告訴他們，平日從事的房務工作就提供足夠的運動量，類似在健身房用某種器材做重量訓練（例如整理床鋪就像是在划船機上運動，而拖地則是在做上半身健身運動）。在為期一個月的實驗過程中，參與者的日常工作量、工作時數或食量都跟以往相同，唯一的不同在於，他們是否意識到自己的工作就是在運動。那麼兩組有何差異？結果發現，由於心態上的改變，實驗組的生理健康獲得明顯的改善：他們的體重減輕了、肌肉質量變得更好、血壓降低，腰臀比也下降了。

當我講解完這個女房務員研究時，為了確保聽眾了解我在說什麼，我通常會再放一張投影片，上面有兩個女人在健身房裡，其中一位正在踩飛輪，另一位則站在旁邊和她聊天。我告訴在場觀眾，如果在做運動的女性認為自己是在健身房進行社交而不是運動，那麼她可能不會從運動中獲得太多益處；然而，當這名女性認為自己是在健身房裡待了一天，即使沒有做運動，仍然可能會得到一些運動的好處。

身心一體意味著我們所做、所經歷或所思考的一切，都關係著我們的健康。當我們去看一場棒球比賽，並為我們喜愛的球隊獲勝而感到高興；當我們去試吃一家新的餐廳，並與一個似乎忽視我們的服務生發生爭吵；或者當我們觀看一個有趣的電視節目，我們所從事的每一項活動都會註記在身體上，並時時刻刻、日復一日影響著我們的健康。只要學習用正念過生活，即使是小小的改變，都會凝聚成一股巨大的動力。

感知的力量

克洛姆後來對女房務員實驗做了更進一步的研究。她與她的史丹福大學同事奧克塔維亞．札特（Octavia Zahrt）對超過六萬名成年人進行一項歷時二十一年的縱貫研究，研究者詢問人們：「你認為相較於同年齡層的人，你的身體是否充滿活力？」這個研究同時嚴格控制參與者的健康狀態與人口統計變數。[13] 結果發現，人們對於活力的**感知**與死亡率之間具有顯著相關；也就是說，與評估自己一直擁有活力的人相比（不論他們實際上做的運動是什麼），評估自己擁有較少活力的人具有較高的死亡率。

其他的研究也印證類似結果。馬凱特大學（Marquette University）的阿比奧拉．凱勒（Abiola Keller）及其同事指出，有害的不是壓力本身，而是人們對於壓力有害身心的**感知**。[14] 與不認為自己具有高度壓力的人相比，認定壓力有害並認為自己承受高度壓力的成年人更有可能早逝；更讓人驚訝的是，有些人看起來生活壓力很大，卻不認為壓力對自己有害，這些人與實際上生活壓力不大的人相比，兩者壽命並無太大差異。

記得我讀研究所一年級時，曾和同學一起參觀心理系教授們的實驗室，其中一個實驗室研究的是味覺。當時，教授向我們展示一種能使含有大量糖分的食物吃起來變酸的物質，以及另一種能使原本酸味的食物變甜的物質。吃到某種我原本預期很甜，實際上卻反倒酸到不行的東西，實在是很奇怪的經驗，這讓我萌生一個想法：如果我吃下某種加了人工甜味劑的東西，那麼我的身體會對甜的「信念」發生反應，還是會對我實際吃的東西有所反應？對甜的「信念」會不會讓我的血糖值上升？即使我並沒有吃糖。關於這個問題，身心一體理論的預測是：信念的力量可能會比你想像中來得更強大。

雖然這個主張還有待更多研究證實，但目前能充分說明感知具有強大影響力的主要研究，大多是在測試不同信念對人體健康的影響。例如比較相信或不相信吸菸會導致癌症、肺氣腫或慢性阻塞性肺病（COPD）的重度吸菸者，或是追蹤相信或不相信肥胖是隱形健康殺手的人長期的健康狀況。如果相信自己就要生病了而導致真的生病，原因可能是因為你的信念造成這個結果，或是你去做一些人們看來有危險的行為而造成壓力，而壓力可能會要人命。

當然，想要測量某種具有危險性習慣的信念是困難的，但睡眠時間倒是一個可以實際測量的行為。人們對於睡眠模式的感知有多麼容易受到控制也是可以量化的。哈佛醫學院與我及實驗室夥伴就曾進行一項睡眠研究，我們不去理會參與者的實際睡眠時數，我們設計一個床頭鬧鐘，來影響參與者者判斷自己睡眠的時數。[15]也就是說，我們藉由把時鐘調快，讓只睡五小時的參與者以為自己睡了八小時。

研究結果發現，相較於知道自己只睡五個小時的參與者，相信自己睡了八小時的參與者在精神運動警覺性（psychomotor vigilance）測試中擁有較好的反應表現。相反的，當參與者明明睡了八個小時，但認為自己只睡五個小時的時候，比起睡了八個小時也認為自己睡八小時的人，會有比較差的反應表現。顯然，重要的是我們對於自己睡眠時數的感知，而不是真正睡了多久。

我們的感知也會影響大腦活動，這是一種更客觀的警覺性和放鬆度測量方式。我們讓參與者戴上腦電圖（electroencephalography，簡稱 EEG）帽，以記錄他們的腦波，也就是大腦細胞活動發出電磁波的震動情形。當參與者保持警覺時，他們的大腦活動會被記錄為一種叫作 α 波（alpha waves）的頻率。在這項研究中，α 波被視為是參與者對於自己睡眠時數的感知，而非實際的睡眠時數。例如，當他們認為自己的睡眠時數被縮短時，大腦的警覺性就顯得比較低；不僅如此，在各項身體量測上都有一樣的表現。換句話說，當我們感知到睡眠時數不足，大腦也會表現出好像真的睡眠不足的狀態。

從身心一體理論的觀點來看，這個研究告訴我們，疲倦感可能是我們可以控制的。在我的著作《逆時針》（*Counterclockwise*）中，我曾提到疲勞程度可能是由心理建構，而不是生物性的生理限制。[16]也就是說，心理和身體能量並不是像許多人所假設的，是由不同的身體基礎歷程所支配，它們並不是各自獨立的生物功能。如果我的理論是真的，那麼或許我們對於自己是否感到疲倦，就能擁有很大的掌控權。

在《逆時針》中，我曾介紹當時進行的兩項非正式研究。第一個研究是與我班上的學生合作，請他們要求朋友們分別做一百和兩百下開合跳，並在累的時候說出口。結果發現，兩組開合跳的人都在活動進行到三分之二時報告他們累了；第一組做到大約六十五至七十下時覺得累，而第二組大約做到一百三十至一百四十下時才覺得累。在另一個實驗中，我們讓人們使用一個不會提醒打字錯誤的文書處理系統，讓打字者持續打上一或兩頁的字。結果發現，只打一頁字的那一組，在打到三分之二頁的篇幅時出錯最多；第二組打的字量雖然比第一組多兩倍，但他們的錯誤卻是到兩頁總量的三分之二處才出現。如何解釋這個現象呢？我認為這是因為我們通常會把要做的工作或任務設定一個「開始、做到一半、完成」的架構，當我們感覺工作將要做完時，尤其會感到疲倦，導致很難繼續堅持下去。

對此，我有個親身經歷。我從波士頓開車到紐哈芬（New Haven）時，每次接近麻薩諸塞州的南布里奇（Southbridge，剛好是一半路程的地方）就會開始坐立不安、疲倦感上身。奇妙的是，當我開車到比這趟車程有兩倍之遠的紐約市，同樣開到南布里奇，卻不會感覺疲倦，直到接近車程中點的康乃狄克州哈特福德（Hartford），才會開始感覺到累。

預期的疲倦感

最近，我和實驗室夥伴做了幾項更正式的研究，來測試疲勞的程度是否由心理建構。第一項研究是評估人們在長途旅行中的疲倦感；第二項研究是觀察人們進行枯燥的計數工作時的疲倦感；第三、四項研究則觀察人們從事體能運動的疲倦感。[17]結果發現，我的開車經驗並非獨一無二，人們產生疲倦感的狀況也很相似。以第一項研究的參與者報告來說，平均而論，不論人們待在車裡的實際時間有多久，他們在旅程大約一半的地方會開始感到疲倦，而在總路程約七五％的地方尤其感到疲累。

在第二項研究中，我們想了解參與者的腦波是否與疲倦感呈現相同的模式，因此我們請參與者坐在電腦前，為他們配戴腦電圖帽。接著，這群參與者被隨機分配到三個實驗組：第一組，完成題數兩百題；第二組，完成題數四百題；第三組，完成題數六百題。每張試題上均有介於一到八十之間隨機生成的數字，我們要求所有參與者用鉛筆圈出是三的倍數的數字。所有參與者得到的指示和程序完全相同，並被告知有十五分鐘的時間完成任務。

透過這個研究設計，我們試圖改變人們看待任務的心理建構，而沒有改變任務完成的時間長度。我們知道人們在疲倦時容易犯錯，所以我們決定用犯錯次數，當作衡量疲倦的主要依據。結果發現，三組參與者在任務進行到一半時，都發生較多錯誤。也就是說，第一組參與者在大約做到一百題時犯錯，而第二組參與者在大約做到兩百題時才開始犯錯。至於分到做六百題的那組參與者，則是直到大約做到三百題時才犯錯。我們同時觀察參與者犯錯時的 α 腦電波，發現有明顯的高度補償信號*（compensation signals）振幅。

我們還做了另一個研究。研究者要求參與者緊握一個手把一百二十秒、一百八十秒或兩百四十秒，並在感覺累了時說出來。同樣的，我們發現參與者的疲倦感主要取決於預期要握手把的時間，而不在於他們真正握了多久。

後來，我們延續這一系列研究，繼續評估人們對於身體疲倦的感知。這次我們的研究對象是德國威斯巴登（Wiesbaden）赫塞國家芭蕾舞團（Hessische Staatsballett）的芭蕾舞者。芭蕾舞者習慣於與身體疼痛和身心極限共處，他們是專業人士，必須堅持不懈以完成表演。舞者們每週工作約五到六天，一天的作息包括早上的訓練及整個下午不間斷的排演。在長期鍛鍊之下，芭蕾舞者的身體被訓練成能經得起身體的不適，即使腳趾起了水泡、關節與肌肉疼痛不

*譯注：指身體在感受到某種不適或疲勞時，通過調整姿勢、運動方式或其他生理機制來嘗試抵消或緩解不適的信號。

堪，有時甚至得在嚴重受傷的情況下，靠耐受力完成兩到三小時的表演。

研究中，我們將疲倦感的測試設定在一個叫作「站姿側抬腿」（développé à la seconde）的舞蹈動作，這個動作是要舞者將一側的腿向側邊伸展，完全離地伸直（也就是膝蓋不能彎），呈現九十度角或更高的角度。我們先前曾對亞特蘭大芭蕾舞團的專業舞者進行前導研究，大致知道一般舞者做這個動作可維持的平均時間。

接著，我們對參與實驗的舞者進行錄影，並請來三位受過專業訓練的舞者擔任觀察者（他們並不知道這個研究的目的），觀看每段錄影中舞者的舞蹈動作，並用碼表記錄下他們認為舞者**開始**感到疲倦的時間，以及達到**最大**疲倦感的時間。再一次，我們發現研究假設又獲得支持。舞蹈動作的持續時間和舞者的性別，都不是影響觀察者註記舞者何時開始感到疲累的影響因素。大多舞者會在維持這個動作到大約三分之一時間點時開始出現疲倦的跡象，而在這個芭蕾動作維持到四分之三時間點時，疲倦指數達到最高峰。

當我們無意識的做一項工作時，我們預期會感到疲倦，導致無可避免會出現疲倦感。它無關乎我們的工作進度究竟是到全程的三分之一、一半、或三分之二。重點在於，我們的疲倦感或許是由心理建構的，而不是由身體極限來決定。

為了驗證身心一體理論與這種疲倦感觀點，克洛姆及研究團隊甚至運用基因檢測，來確認參與者是否具有「容易疲勞」的基因。[18] 然後，研究者請參與者在跑步機上一直跑到感覺疲累，來取得基準分數。研究者將參與者隨機分成兩組。一組參與者被告知具有容易疲勞的基因，另一組則被告知不具有這樣的基因。其中，有些人得到的資訊是正確的，也就是他們確實有或者沒有這種基因；有些人則被告知錯誤的資訊，也就是即使他們沒有這種基因，也被告知他們有。一週後，所有人再次到跑步機跑步。結果發現，無論他們的基因為何，信念影響他們的實際表現：相信自己有疲勞基因的人，耐力和肺活量較差，而且新陳代謝率也較差。

這些研究指出一個事實，人們往往會把要做的工作或任務脈絡化，提供它一個清楚的開始、中間與結束，如此一來，我們就能明確知道何時可以完成這一件事，然後投入到下一件事；然而，這樣的脈絡卻同時讓人預期疲倦感的產生。幸好，這種脈絡絕非牢不可破，只要我們能夠改變舊有的脈絡，就可擺脫疲倦心態，在感到對我們有利的時機下，隨心所欲做出改變。

熱咖啡或冰咖啡？

如果身心是一體的，那麼我們不僅可以透過改變心理來改變身體，還可以透過改變身體來改變心理。雖然一些生理變化（例如疾病和運動）會對心理造成顯而易見的影響，但這種影響也可以是隱而不顯的。

關於身心一體的著名案例之一，是來自約翰．巴格（John Bargh）在耶魯大學的心理學實驗室，他和勞倫斯．威廉斯（Lawrence Williams）設計出一項簡單但十分巧妙的具身認知（embodied cognition）實驗。研究者請參與者拿著一杯熱咖啡或冰咖啡，然後讓參與者填寫一份問卷，請他們對問卷上描述的人物進行印象評價。

結果顯示，相較於被要求拿著冰咖啡的參與者，拿著熱咖啡的參與者更傾向於將問卷上描述的人評價為「溫暖」。[19]儘管後來的研究者未能成功重複這樣的實驗結果（這些效應仍可能是真實的，不過只在某些特定情境中成立），但心理學家漢斯．艾澤曼（Hans Ijzerman）與甘．塞明（Gün Semin）在後來的研究中發現，與拿著冰咖啡的人相比，拿著熱咖啡的人會覺得自己與心裡想著的那個人更親近。[20]

當天氣暖和時，人們通常會更快樂，對自己的生活也更滿意。心理學家娜歐米・艾森伯格（Naomi Eisenberger）發現，當我們的體溫升高時，會感覺與他人的連結較為緊密；而體溫降低時，這種連結感就會減弱。[21]艾森伯格關於社會排斥（social rejection）的研究則更加有趣，她設計一個虛擬的傳接球遊戲，當參與者一直沒被別人傳球，就會覺得自己受到社會排斥。透過功能性磁共振成像（fMRI）數據，她發現人們在感覺受人排斥時，大腦中前扣帶皮質（anterior cingulate cortex）的反應會增強，這與身體疼痛所引起的大腦變化是一致的。[22]如果真如艾森伯格所相信的那樣，生理與心理的疼痛都反應在同一個大腦區域中，這或許意味著我們可以透過心理方式來緩解身體疼痛。

關於這種論點，我最喜歡的一個實驗是由德國維爾茨堡大學（the University of Würzburg）心理學家弗里茨・施特拉克（Fritz Strack）、薩賓・斯特佩爾（Sabine Stepper）及北卡羅來納州格林斯博羅大學（University of North Carolina at Greensboro）的李歐納德・馬丁（Leonard Martin）所進行。[23]實驗中，研究者要求參與者分別用嘴唇和牙齒含住一支鉛筆；用嘴唇含住筆的動作會牽動到和皺眉頭一樣的肌肉，而用牙齒含住筆的動作則看起來很像在微笑。然後，研究者請參與者對一個卡通片的趣味程度進行評分。結果發現，相較於無意中擺出笑臉的人，不經意被強迫做出皺眉動作的人會覺得影片比較不好笑。當我向學生介紹這個研究時，我也親身嘗試這兩種動作：先試著把一支鉛筆放在我的牙齒之間；然後，用我的嘴唇含著鉛筆。這真是個有趣的實驗，不是嗎？但比起有趣更重要的是，結果清楚顯示，改變身體的同時，也會改變我們的心理。

「預期」對感官能力的影響

把身體看作獨立於心靈之外，可能會讓我們的感覺設限。以「視力是否可以改善」這個問題來說吧，我常會問人們一個問題：你認為是在肚子餓的時候比較快看見自己喜愛的餐廳，還是在不餓的時候比較快看見自己喜愛的餐廳？我的實驗室成員就做過一個研究，我們先改造一般驗光師與眼科醫師使用的視力檢查表。[24] 視力檢查表的設計通常是最大的字母在最上方，往下逐漸變小，這使得人們不免會預期，當由上而下辨識到某一排字母，就無法清楚辨識下去。現在，我們試圖顛覆人們的預期，將視力檢查表上的字母排列方式倒過來（最大的字母在底下）。結果發現，參與者的視力表現變好，能夠順利讀出以前在視力檢查表上看不見的字母。

我們後續又做了另一個實驗。既然人們預期由上而下讀視力檢查表到大約三分之二處，就很難再辨識下去。於是，我們只擷取視力表下方三分之一的內容，讓參與者一開始就辨識比原本視力表上小得多的字母。結果發現，他們的表現比之前好，可以看見以前看不見的字母！

或許是出於必要性，醫學界只能參考以大多數人做為標準與機率性資料，然而，如何把這些資訊運用在與病患的溝通上，顯然還有改進的空間。想像一下，如果眼科醫師在測量視力後，告訴你的不是「你的視力檢測是20／60」（表示你的視力較差，別人在六十呎外可以看見的東西，你得站在二十呎處才看得見），而是告知你「根據**現在**這個特定的測試，你的視力測出來是20／60」，那會怎麼樣？以我長期進行的研究證據，以及認同身心一體會帶來力量的信念，我敢打賭，只要醫師願意在診療病人的對話上做些細微的調整，再進行視力檢查時，至少有一部分人的表現會有所提升。

我深刻體悟到人們的感官能力可以獲得改善，是跟隱形眼鏡有關。平日閱讀時，我的左眼會配戴隱形眼鏡。有天晚上，我在睡前試著取出眼鏡，但無論我如何努力想用手指取出它，卻一直無法成功，甚至差點抓傷眼球。所幸在造成嚴重傷害之前，我突然想到，我其實根本沒有戴上眼鏡。我靜下心想，才意識到原來一整天都沒戴眼鏡，對生活也不會有太大影響。為了貫徹我的想法，我決定第二天也不戴眼鏡，看看會發生什麼事。那已經是四年多前的事了，至今我依然不需要戴眼鏡閱讀。

此後，我對感官能力是否需要「修正」進行研究。我和卡琳・甘內特－沙瓦爾（Karyn Gunnet-Shoval）以一百零三位大學生為研究對象，告訴他們研究目的在於探究人們在感官和資訊處理上的差異。[25]所有學生被分成四組，我們先讓大家接受聽力測試，接著請他們選擇一段Podcast來聽。然後，第一組學生被告知，研究者預期他們聽完節目後，會改善之後的聽力測試成績；第二組學生只被要求去聽節目。至於第三組學生，則被告知透過收聽音量較低的節目，可以提升之後的聽力測試成績；對於第四組學生，我們要求他們以調低的音量收聽整整三十分鐘的節目，但沒有任何說明。也就是說，這四組學生中，有些人會期望自己的聽力獲得改善，有些則沒有任何期待；有些用正常音量聆聽，有些則以較低音量聆聽。

結果顯示，以低音量聆聽的學生無論是否期待聽力獲得改善，都會導致聽力得分比最初的測試還高。就像測量視力的研究，當我們將任務設定得較為困難，會讓下次的挑戰變得容易。

想像的力量

我讀大學時，因為修讀心理物理學（Psychophysics），因而閱讀一篇對我影響深遠的文章。文章的作者是早期美國心理學家瑪麗．佩基（Mary Cheves West Perky），文章發表於一九一〇年。[26]佩基探討的是真實知覺與心理意像之間的關係，結果發現，兩者之間會發生混淆。她的實驗設計是這樣的：研究者要求參與者想像某個東西（如一根香蕉或一個番茄），然後，在參與者不知情的情況下，以微弱的光影在螢幕上投影出那個圖像。結果，參與者無法辨識出影像，還以為那是他們自己想像出來的。

最近我又想起這個實驗，我確實很難相信大腦天生就能區分「真實」與「想像」二者，因為我們的信念無時無刻影響著我們的覺知。我們有可能在不同的情境下看到同樣一個東西，卻導致不同的結果。如果真實和想像的經驗都能產生相同的效果，這意味著，我們擁有無限的可能。

在我十三、四歲時，週末經常和我的朋友羅伊絲在一起。羅伊絲比我略長幾歲，所以總是由她決定我們當天要做什麼。我很喜歡跟著羅伊絲閒逛，我們經常去吃冰淇淋，由於我必須留意自己的體重，她卻絲毫不在意，所以我只能坐在她旁邊，看著她一口一口吃下香蕉船或熱熔巧克力聖代，想像自己也吃進每一匙送進她嘴裡的美味。有趣的是，當我們離開桌子時，我們兩個都覺得吃飽了。多年後，我偶然發現凱莉·莫爾維奇（Carey Morewedge）與同事做的一項研究，竟然和我的童年經驗極為相似，只是他們要參與者吃的不是冰淇淋，而是乳酪。[27]莫爾維奇要一些參與者想像吃乳酪很多次，另一些參與者則想像吃較少次。結果前者在實際得到真正的乳酪時，吃得量比起後者較少，他們從想像中已經獲得飽足感。

另一個例子雖然不算是實驗，但也許是最能展現想像的飲食對人造成的影響。例子出自我的哈佛前同事蘭諾・魏茲曼（Lenore Weitzman）與耶路撒冷希伯來大學（Hebrew University of Jerusalem）的達利婭・奧弗（Dalia Ofer）的著作。[28]她們訪談從大屠殺倖存下來的猶太人，記錄當年在集中營裡的猶太男女，無時無刻遭受慘絕人寰的飢餓與酷刑。

魏茲曼和奧弗發現，儘管男性和女性都同樣遭遇計畫性的飢餓之苦，但女性會做些能幫助她們熬過命運折磨的事。例如經過一天辛苦的勞動之後，她們會在牢房裡談論各種美食，特別是猶太節慶的飲食，還有特別為婚禮與猶太成年禮所準備的菜單。她們還會不停回憶並爭論製作具有代表性猶太食物的步驟，如哈拉（challah，猶太人安息日吃的麵包）及豐盛的甜點。正如一名女性所說：「我在奧斯威辛（Auschwitz）學會烹飪；獲釋之後，我已經記下許多甜點食譜做法，尤其是匈牙利薄煎餅（Palacsinta）。」

魏茲曼和奧弗在書中寫道，這些女性似乎藉由回憶這些食物的味道，來得到心理上的滿足。若非如此，實在很難想像快要餓死的人會投入這樣的想像活動中。從受訪者的談話會發現，回憶昔日的生活，似乎能夠幫助她們超越此時此刻在集中營裡的殘酷處境與屈辱，即使這種想像只有一時片刻。回想過去那些品嘗美食的快樂時光，讓她們試著想像不久的將來，可以再次為家人洗手作羹湯，懷抱著對未來的信念，能為她們帶來活下去的力量。

雖然魏茲曼和奧弗在書中謹慎的提醒我們，集中營內的飢餓為真實世界的人們造成的後果，但她們指出，一些集中營的猶太女性以手工編寫出食譜，例如在泰雷津集中營（Theresienstadt）猶太婦女共同書寫的《在記憶的廚房中》（*In Memory's Kitchen*），說明人們談論食物與分享食譜的重要性，不僅為她們帶來求生意志，並讓她們願意相信自己擁有未來。[29]

也許其他的嗜好也可以在想像中得到心理滿足。就像美國電視劇《廣告狂人》（*Mad Men*）首次播出時，戲劇中每個演員都抽菸，每當看見這個畫面，同樣有吸菸習慣的觀眾通常也會想來一根。我曾在播放某一集時打開電視，剛好看見畫面上有人熄了一支菸，這讓我不禁好奇兩件事：一、究竟人們是看到菸就會想抽上一口，或是只要想像抽菸，就會想要點起一支菸？如果是後者，那麼當看見有人按熄一支菸，是否就不會有點菸的欲望；二、我們是否不必真的點菸，光用想像自己抽完一整支菸（就像我想像自己吃冰淇淋一樣），就能夠讓人滿足？截至本文寫作之時，我仍在測試這個假設。

用想像做運動

維諾絲・蘭加納坦（Vinoth Ranganathan）及其同事做過一項有趣的心理訓練研究，參與者被分成三組：一組成員以三個月的時間在心理訓練一隻手指，或者在心理訓練彎曲他們的手肘；另一組藉由做運動來鍛鍊手指；另一組則完全不做任何運動及訓練。結果令人驚訝！與沒有運動組相比，真正做運動的那組，手指力量增加五三％；心理訓練組的手指力量增加三五％。[30]雖然我們無法得知做心理訓練的人實際假想的運動量有多少，儘管如此，結果仍然不容小覷，多少可以解釋心理想像和實際運動之間呈現的差異。

還有一些研究也呈現在心理想像運動的效果。例如，光是以心理想像去做某種運動，就可以提高實際表現[31]，根據研究顯示，當參與者實施一套完全靠心理想像的臀部運動計畫，效果與真正做運動一樣有效；心理想像做運動者的臀部肌力增加二三・七％，實際做運動者的臀部肌力增加二八・三％，而這兩者在統計上的結果是相等的；[32]至於沒有進行任何心理想像或運動的對照組，則沒有明顯進展。我的實驗室成員帕格尼尼也進行過一項實驗，要求女排球選手想像自己在空中飛了五分鐘。[33]結果發現，相較於只觀賞一部不相干影片的對照組選手，進行心理想像的選手跳躍高度獲得大幅提升。

身心一體概念也可以減輕疾病的症狀。在我們實驗室的一項研究中，我們請關節炎患者一連十天，每天觀看一段兩分鐘的影片，影片內容是鋼琴家演奏時的手部特寫。我們分別要求三組參與者在觀看影片時做到以下要求：一、認真想像自己在彈鋼琴（心理模擬）；二、全神貫注留意音樂的各部分（有意識的聆聽）；三、只是聽音樂來放鬆身心。在實驗前後，我們請他們報告自己的關節炎症狀，也測量他們的關節力量、靈活度，以及手腕和手指的柔軟度等生理指標。

結果顯示，觀看影片對於只被要求放鬆的參與者來說，並未帶來任何症狀的改善，但對於有意識的想像彈奏與有意識的聆聽的參與者，在自我報告的疼痛程度與測量的生理指標上均獲得改善。[34]

有趣的可能性

身心一體理論還提出許多有趣的假設，其中之一是關於整形手術。當一個人進行臉部拉皮手術後，會發生什麼事？即使從客觀標準來看，他們並不會變年輕，但這個人會感覺自己現在更年輕嗎？我相信如果他擁抱新的自我，答案很有可能是肯定的。當然，身心一體並非是讓你變年輕的唯一影響因素，當別人也把你看作比較年輕時，也可能為你帶來正面的效果。

另一個假設是關於乳癌。乳癌通常與女性有關，而不是男性。那麼，如果一個女性想像自己處於男性的身體之中，會發生什麼事？這能減少她乳房長出腫瘤的可能性嗎？

這個問題其實並沒有乍聽之下那麼牽強。已經有研究顯示，跨性別男性（出生時為女性，性別認同為男性）罹患乳癌的風險比一般女性群體低。[35]當我們考慮到這些人正在接受荷爾蒙治療，而荷爾蒙替代療法可能會增加罹患乳癌風險時，情況就會變得更加有趣。

身心一體假說之外的另一種解釋，是自認被困在女性身體中的人，一開始就比其他多數女性擁有更多的睪固酮，睪固酮能夠保護人們避免罹患乳癌，因而降低他們罹病的可能性。

有一項有趣的研究，能夠支持身心一體理論對跨性別男性罹患乳癌風險較低的解釋。這項研究探討解雇他人的行動，這個工作一般認為由男性來擔任會比較容易，因此較被視為是一種男性化行為。研究結果發現，當男性或女性參與者模擬解雇他人的情境時，他們的睪固酮都會上升。[36]因此，僅僅是表現得像男性，也可能刺激睪固酮分泌，從而增加對乳癌的保護。

這些研究讓我們更加明白，理解心理與身體之間的一體性，能夠為我們的生命開啟諸多可能性。

第 7 章

安慰劑效應

儘管如此，仍要繼續努力，因為誰知道接下來會發生什麼？

——麥可．法拉第（Michael Faraday）

當我們談到安慰劑效應的相關研究時，對於身心一體理論的探討就來到一個嶄新的層次。很多人都知道，安慰劑是一種無害的糖藥丸。在一般研究中，通常會在參與者不知情的前提下，讓實驗組服用真正的藥物，對照組則給予安慰劑，然後再比較兩組，觀察藥物的療效是否優於糖藥丸。

在過去，人們也會運用一些惰性物質來治療疾病。例如一七九四年，拉涅利．傑爾比（Ranieri Gerbi）將蠕蟲的分泌物擦到牙痛病患的牙齒上，結果有六成的病人表示一年內都不再牙痛。[1] 其他像是乾狐狸肺、蛤蟆眼、水銀、水蛭與電流，也都曾被視為有效的治療方式。美國第三任總統湯瑪斯．傑弗遜（Thomas Jefferson）曾提到一位經常給人安慰劑的知名醫師，因為這位醫師相信，疾病在很大程度上是由心理造成。[2] 正如二十世紀初哈佛醫學院的知名教授理查．卡伯特（Richard Cabot）所言：「我和每一個醫師都同樣被教導使用安慰劑，目的在於透過治療病人的心，來治療他的症狀。」[3]

如今，過去被我們視為千奇百怪的「治療方法」，也曾扮演著安慰劑的作用。十九世紀初，一位名叫弗朗茨．梅斯梅爾（Franz Mesmer）的醫師聲稱，天地之間有一種動物磁性，能在有生命和無生命物體之間轉移。[4] 後來，追隨梅斯梅爾的催眠師使用磁鐵、觸摸病患和經過磁化的水，透過「矯正失衡」來治療病患；我在文獻中找到最駭人的一個案例，是將磁鐵塞進一名婦女的陰道，直到她發生「抽搐」，催眠師還以此做為治療成功的證明。

一七八四年，這群催眠師主張催眠術為「科學性」的治療手段，例如治療者先把一棵樹木磁化，然後告訴病人只要站在樹木前就可達到療效；只不過，他們把病人帶到另一棵未磁化的樹木前，病人的病情仍然好轉。或許這說明讓病人康復的真正原因不是磁性，而是認為自己會康復的信念。當我一邊回顧這些文獻，一邊感到不可思議的同時，不免暗自好奇，未來的人們對於我們現在使用的哪些治療方法，也會同樣感到奇怪呢？

對於安慰劑，有兩件事情需要特別注意。首先，必須確保安慰劑對人是無害的，畢竟站在一棵未經磁化的樹前面，與讓你的身體爬滿水蛭，兩者可是大不相同。另一件事則涉及歸因方式。

我們必須記得一件事：安慰劑是透過心理來治療身體；或者用更好的說法是，刺激我們的身心來獲得治療。然而，我們常會發現一種情況，明明是毫不相干的安慰劑，人們卻大為肯定它具有療效。例如，順勢療法（homeopathy）

就是運用高度稀釋的混合物來「治療」疾病，並主張混合物經過一次又一次的稀釋，效力就會愈強。就某個方面來說，這沒什麼問題，甚至有可能比服用糖藥丸來作為安慰劑更好，因為某些人吃糖會引起身體的反應，而順勢療法則和喝白開水沒什麼不一樣。然而，如果我們就此認為順勢療法具有療效，就可能犯了歸因上的錯誤，因為真正帶來療效的是人，是人體本身帶來自癒，而不是靠那些混合物。

如果我們不把這些真正該注意的事放在心上，可能會無意識的陷入一個謬誤的因果循環，不斷追問：順勢療法有效嗎？太好了，這證明順勢療法有效；順勢療法沒效嗎？那可能是因為我們用的量不夠，所以我們應該增加劑量。如果你喝的是水，可能還沒什麼關係，但如果增加的劑量是水蛭，導致最後放太多水蛭到太多人身上，那可就不妙了。

如果情況沒有變好，也許就該有意識的尋找其他替代方案！而不要繼續無意識的嘗試同樣失敗的方法。在馬修·賽德（Matthew Syed）的《黑盒子思維》（*Black Box Thinking*）中，他將這種加上更多水蛭的思維稱為「閉環思維」（closed- loop thinking），這是令人感到沮喪的過程，因為不管試圖舉出多少數據或證據，都無法帶來任何新的結論。[5]

安慰劑的力量

不管給予的安慰劑是糖藥丸、注射生理食鹽水或施行假手術，**當人們相信某種治療方式具有療效時，通常就能帶來真正的改變**。舉一個較令人驚訝的安慰劑例子，當患者被告知服用吐根（ipecac）能止吐，即使吐根是一種會引發嘔吐的藥物，卻真的能止住患者的嘔吐感。[6]另一個例子是病患因病毒感染而引起喉嚨痛，在接受抗生素治療後覺得症狀好多了，但抗生素其實是用於對抗細菌性感染，而非病毒性感染。精神科醫師艾文．克希（Irving Kirsch）也曾做過一項有趣的研究，顯示人們只有在攝取咖啡因，並知道自己攝取咖啡因之後，才會真的感到亢奮。[7]

不僅如此，治療愈費功夫，愈可能見效。因此，假手術比注射來得有效，注射又比口服藥更有效。有一項關於假手術的研究結果可能會令你大吃一驚！一九五九年，美國心臟科醫師李歐納德．科布（Leonard Cobb）進行一項臨床試驗，分別為兩名胸痛患者進行治療，一名患者進行內乳動脈手術，另一名患者則只接受切口，而沒有實際進行手術。[8]結果發現，接受假手術的患者與接受真手術的患者都報告術後胸痛得到緩解，緩解狀況都至少持續三個月。

還有一些研究專門探討假手術與傳統手術是否同樣有效（參與者都簽署知情同意書，知道他們可能被分到安慰劑組）。其中一項研究是探討對罹患帕金森氏症的病患施行顱內胚胎神經細胞移植的效果。[9]接受假手術組的患者先被施以麻醉，醫師在他們頭上鑽一個洞，讓他們覺得自己真的做了「手術」，但其實醫師並沒有為他們移植神經細胞。結果顯示，假手術的效果與真手術一樣好。

另一項研究則比較膝關節手術與假手術的效果，其中假手術有在病患膝蓋上開一道切口，但並未進行任何手術。[10]研究者後續對兩組參與者進行持續兩年的膝蓋疼痛和行走能力測試，發現做手術組的成效並不比假手術組來得好。

雖然我們大多數人很少接受這種侵入性較低的安慰劑手術或治療，但目前已經有愈來愈多研究安慰劑效果的新發現。例如有一項研究是把患者身上的疣塗上鮮艷的色彩，然後告訴患者，當顏色褪去時，疣也會消失，令人意外的是，患者身上的疣後來真的消失了。[11]還有另一項研究，是告知哮喘患者吸入的是一種支氣管擴張劑，事後患者表示，哮喘症狀得到明顯的緩解，然而患者吸入的其實不是具有任何活性的物質。[12]

我再舉幾個例子。因為拔智齒而感到疼痛的病人，在接受假的超音波治療後，和真的接受超音波治療的人一樣感到舒緩許多。[13]另一項研究指出，有五二%接受安慰劑治療的結腸炎患者表示症狀好轉；其中有一半比例的患者之後透過結腸鏡檢查，確實發現腸道的發炎症狀獲得改善。[14]

安慰劑效應還與價格有關。行為經濟學家丹・艾瑞利與其同事發現，我們使用的藥物愈昂貴，帶來的藥效愈好。[15]這個發現值得我們花點時間想一想。如果兩人服用完全相同的藥物，但支付的費用不同（或者，如果其中一個人一次服用昂貴的藥，另一次服用相同、但費用較低的藥物），那麼，是什麼因素造成兩人健康狀況的差異？不知為何，人們會根據花費的多寡來衡量對療效的期望，轉化成為可測量的病情好轉。如果你就是那個想讓自己好起來的人，可能會進一步追問：既然如此，我又何必要服用那些昂貴的藥物呢？或許，這正說明我們已經過度依賴藥物和醫療程序，很少允許自己在沒有任何醫療介入的情況下，讓病情自行好轉。

在一項研究中，學生被要求記錄自己的感冒狀況、服用的藥物，以及藥物帶來的效果。結果發現，用原價而非打折價購得感冒藥的學生，感冒恢復的速度較快。[16] 在另一項研究中，研究人員發現，在運動前飲用價格較貴的能量飲料的學生，運動後比較不會覺得疲憊，在認知類比（cognitive anagram）任務中也有較好的表現。[17] 但像這樣的研究案例會引發一個問題：昂貴的價格並非是促進健康的唯一答案，而上述各種研究發現或許支持的觀點在於：我們的信念對於健康至關重要。

安慰劑還跟我們的期待有關。研究發現，當人們服用黃色藥丸，對治療憂鬱最有效；[18] 綠色藥丸對治療焦慮有益；白色藥丸對治療潰瘍有益，即使藥丸內只含有乳糖（對治療潰瘍並無效用）；而紅色藥丸則可增加活力。[19]

語言就像安慰劑

語言也可以發揮安慰劑效應，就像一顆簡簡單單、毫不費力就可吞下的藥丸一樣，為我們帶來無比的力量。就像安慰劑會帶來身體的反應，人們說的話也經常得到無意識的行為或態度做為回應。

我早期進行的研究發現，單單加上一句「因為」，就能用理由說服人們採取行動，即使這個理由並不具有任何新訊息。[20]該研究是詢問一長列排隊等候使用影印機的學生：「可不可以讓我用一下影印機？」或「可不可以讓我用一下影印機？因為我需要影印。」或許你注意到了，後面這個問法並不是插隊的正當理由，然而許多人卻接受了，並同意讓詢問者插隊到他們前面。

倫敦大學教授艾倫．索卡爾（Alan Sokal）也曾以類似方式測試語言的力量。他向一份學術期刊提交一篇完全是胡說八道的論文，主張量子重力（quantum gravity）其實是一種社會和語言的建構。[21]由於像「量子重力」這樣的術語聽起暨專業又重要，通常會被學術期刊不加質疑的接受。索卡爾的論文果然順利獲得發表，他對這個荒謬結果的解釋是：「因為論文中充滿一些聽起來很不錯、而且迎合編輯意識形態偏見的胡言亂語。」

接下來，是由哲學家彼得．博格西安（Peter Boghossian）、數學家詹姆斯．林賽（James Lindsay）以及英國作家暨文化評論家海倫．普拉克羅斯

（Helen Pluckrose）針對「牢騷研究」（grievance studies）所進行的實驗。[22]他們撰寫並向學術期刊投稿二十篇論文，內容涉及一些看起來有些荒謬的主題，例如：宣稱狗公園是犬類強姦文化的發源地；女性主義論文中部分內容其實是改寫自希特勒《我的奮鬥》（*Mein Kampf*）等等。他們的目的是要證明學術出版缺乏嚴謹性，只要投稿者擁有一定資歷，即使是荒謬的主題也能通過審查而順利發表。

讓人驚訝的是，這二十篇論文中只有六篇被退回。在這場惡作劇被發現時，共有四篇論文獲得發表，三篇通過審查即將刊載，七篇仍在審查中。

無論是面對藥物或言語，我們往往已經存在先入為主的強烈預期。正如保羅．賽門（Paul Simon）唱的那句歌詞：「人們依舊只聽他們想聽的，其餘一概充耳不聞」。*

*編注：該歌詞出自〈The Boxer〉一曲，歌詞完整的句子為：All lies and jest, still a man hears what he wants to hear.

強效藥

為了讓藥物順利上市，製藥公司必須透過研究證明，該藥物在隨機對照臨床試驗中比安慰劑**更有效**。然而，多數人不知道的是，已經有很多研究結果顯示，安慰劑與藥物一樣有效，甚至更有效。這些研究並未獲得學術期刊的接受與發表，所以我們幾乎未曾聽聞。我們該從這些研究中學到的，並不是某種特定藥物無效，而是安慰劑可能多麼有效。如果考慮到多數藥物都有副作用，而安慰劑通常沒有副作用，我相信安慰劑能夠成為我們**最有效**的藥物。

假設在一場藥物試驗中，參與者預期自己會出現的副作用並未發生，他可能會認為自己處於安慰劑組，因此較不會預期及經歷症狀改善；相反的，如果藥物組參與者出現副作用，就會強化自己處於藥物組的信念，因此預期症狀會獲得改善，而且副作用愈大，信念就愈強。因此，即使藥物的效果確實優於安慰劑，也有可能是源自信念的作用。

二〇〇九年，一項研究記錄一位患者的經歷。這名患者的腋下、腹股溝、胸部和腹部，都長有柳橙大小的惡性腫瘤。醫師判斷患者活不過兩週，於是讓患者接受一種尚在臨床試驗階段的藥物，結果腫瘤突然消失。然而，患者得知該藥物在試驗中被宣告無效後，腫瘤又重新出現。然後，患者被給予一種宣稱具有「雙倍效果」的藥物（實際上是安慰劑），結果腫瘤又再次消失。之後兩個月，患者都沒有出現任何症狀，直到得知這種藥物同樣無效的幾天後，他就去世了。[23]

我還認為，有些臨床試驗之所得到正面的效果，是因為試驗過程能夠鼓勵人們注意症狀的變異性。我們預期服下藥物後會發生作用，所以會特別關注自己所感覺到的細微差異。由於所有症狀都會變化，也都會出現有所改善的時刻，這些觀察可能強化我們對藥物療效的信心。抗憂鬱藥物研究也支持這個觀點，研究發現，當人們對安慰劑研究的了解愈多，安慰劑效應在他們身上就會愈顯著。這意味著，當他們積極試圖改善病情，病情也確實更可能獲得改善。[24]此外，還有證據顯示，出現強烈安慰劑效應者身上，真實藥物的療效最好。關於這點，我將於下一章進一步討論。

儘管如此，許多人依然錯誤的認為安慰劑無效。這些人往往非常相信神經科學，他們的邏輯是：如果你能證明大腦中有什麼東西正在發生，我們才能相信它是真的。但已經有愈來愈多的研究顯示，大腦對安慰劑與藥物的反應在本質上具有一致性，正如醫師兼作家傑若・古柏曼（Jerome Groopman）所寫的：「我們對大腦的了解愈多，就愈有可能忽視身心之間那條看似涇渭分明的界線。」

達特茅斯學院（Dartmouth College）的神經科學家托爾・維格（Tor Wager）及其同事研究不知情者在服用安慰劑後的大腦變化。透過功能性磁共振成像，他們發現止痛安慰劑會減少「疼痛腦區」（包括丘腦、島葉及前扣帶皮質）的活動，而對疼痛的預期則與前額葉皮層活動的增加有關。[25]每個人的反應可能受遺傳傾向影響而有所差異，但我相信安慰劑效應對每個人而言都是有效的。如果你同意在正念之身的任何層面發生的任何事情，都會在其他每個層面中發生，那麼研究人員在大腦的不同部位尋找安慰劑效應的證據，就是一種合理的做法，而且最終很可能會找到它。

你相信誰？

前幾天，我的網球打得不太理想。於是我問專業網球選手，我的球拍是否需要重新穿線，她反問我上次為拍子穿線是什麼時候。坦白說，我完全沒印象。於是我們當下決定，現在穿線就是明智之舉。後來，當我用重新穿線的球拍打球時，我的表現很好，甚至比以往都來得好。這究竟是因為球拍的緣故，還是因為我期望自己能有好表現，所以更加專注的投入比賽？如果是後者，代表我的信念掌控我的表現；如果是前者，或許就表示我被球拍掌控了。

安慰劑的情況也是一樣的。很多病患是因為安慰劑效應讓自己康復，只是他們並不知道。假設我們將症狀的減輕或身體的康復歸因於處方藥，但其實我們服用的是安慰劑，我們仍會繼續依賴藥物。假設我們被告知這個處方藥只是安慰劑，那對我們會有多好。或許下次症狀再出現時，我們或許就會試著重新掌握自己對健康的控制權？

雖然醫師不願意告訴我們他們給我們開的是不是安慰劑，但或許這種不成文的政策應該受到質疑。不管我知道什麼，如果我生病了，吃了一顆藥以後康復了，而且是因為安慰劑的效果，那是誰治好了我？很顯然，如果這顆藥並沒有活性，那麼我一定是自己痊癒了。如果醫師告訴我，並且讓我明白我是靠自己痊癒的，那我未來是否更能控制自己的健康？醫師沒有告訴我這是一顆安慰劑，也可能是因為她認為這樣做的話，會讓我對她下次開的處方藥產生懷疑。這是一種權衡：告訴我這是安慰劑以加強我對自己健康的掌控，還是冒著我不再相信藥物功效的風險。換句話說，到底是增強我對自己的信心比較好？或是增強我對藥物的信心比較好？

如今，關於「開放標示安慰劑」（open-label placebo）的研究愈來愈多。確實，早在一九六五年，研究人員就在探討病患深知服用安慰劑的實際效果，研究發現，公開安慰劑資訊並不會讓安慰劑失效。也就是說，當病患知道自己服用的是安慰劑，仍有可能減輕症狀。[26]不久前，開放標示安慰劑被運用在癌症倖存者研究上。[27]有時候，即使腫瘤已經消失，但病患身上的疲倦感仍然久久不去，因此，研究者想要比較安慰劑與一般療程對這些感到疲倦的癌症倖存者的影響。在為期三週的實驗裡，部分參與者服用被標示為安慰劑的藥丸，而另一些參與者如常接受治療。結果發現，被標示為安慰劑的藥丸仍然對病患造成正面效果。[28]這表示，只要引導患者抱持積極的期望，開放標示安慰劑的方法就會產生效果。

自我緩解

正如我在前言中所提到的，母親罹患癌症辭世的經歷，為我留下許多未解之謎。當她發現腋下有一個腫塊時，醫師開始安排她做組織切片，來檢查腫瘤原發部位是否位在乳房。我問醫師，如果是的話，接下來要採取什麼行動。醫師說，他們會做全乳切除手術。我又好奇的問，如果乳房不是原發部位，那下一步要怎麼做。醫師表示，他們還是會做全乳切除手術。換句話說，無論哪種情況都會做全乳切除手術，那為什麼還要讓母親接受組織切片？當時的我或許還很年輕，所以我只能提出一些旁人眼中感覺煩人的問題，絲毫無法促成任何改變。

母親進行手術後，回家休養了一段時間，但隨後的電腦斷層掃描卻發現更多腫瘤。在這個時候，儘管我相信一個人自認能掌控局面很重要，但我卻把她的生命掌控到我的手上。我試圖阻止任何為她難過或感到悲觀的人接近她。我告訴她的全是人們得到神奇康復的故事，甚至還請來一位這樣的幸運兒到醫院跟她分享實際經驗。那位女士告訴她：當時醫師說我只剩六個月壽命，我以為這是真的，於是決定把所有積蓄全都花光。結果十八個月後的我依舊活著，但已經沒有足夠積蓄來享受人生。

在接受化療的那一段時間中，母親經歷嚴重的噁心感，頭髮也掉光了，但似乎一切只是徒勞。接下來的一系列檢查顯示，癌細胞已經擴散到胰臟。醫師告訴她，她只剩下幾個月好活。

接著，她的腫瘤消失了。電腦掃描中找不到任何痕跡，它就這樣消失得無影無蹤。這應該就是所謂的「自發緩解期」（spontaneous remission）。由於這只是單一的樣本（沒有對照組），所以過去與現在都沒有辦法明確解釋她到底發生了什麼事。自此之後，我一直都對「緩解」很感興趣。

自我痊癒確實會發生，而醫學界對此還沒有很好的解釋。你可能會認為，出現自我痊癒時，會讓人擺脫癌症標籤，因為這個人現在已經沒有癌症了。但悲哀的是，事情並非如此。我只希望今天的醫師不會在病患處於緩解期時，大聲的對病患說：「癌症還是有可能復發。」（就像他們對我母親那樣），但他們很難不去這樣想，因為經驗告訴他們，病人的自我緩解會逆轉，疾病會再復發。他們很少見到完全康復的人，所以他們很有理由推斷，大多數的自我緩解最終還是會失敗。

從患者的角度來看，當發現病情改善的那一刻，既重要又微妙。或許醫師可以用一種正念的、期待病患持續關注健康狀態的方式，來宣告這個好消息；而不是把這個本該欣喜若狂的好消息，稱為一個「奇蹟」或無法解釋的現象，彷彿把悲觀又非正念的陰影，悄悄籠罩在病人身上，叮嚀病患要記得定期追蹤。醫師可以向病患分享心理對身體的影響，說明目前雖然還有許多尚待探究的研究及還不十分清楚的癌症機轉，但永久性的自我緩解的確會發生，癌細胞有可能會完全消失，人也有康復的可能性，就可以像健康的人一樣，不需要再做更多監測。

試想，如果病人出院時，醫師對他說：「每年請寄給我一張賀節卡。」或：「很好，你現在畢業了，但我想知道你的近況，所以兩個月後，打個電話跟我問個好，如何？」聽起來應該比「每個月還是要定期驗血。」感覺好得多。

當病人在沒有醫療介入之下自己痊癒，毫無疑問會讓醫界一頭霧水。然而，自我痊癒的例子更進一步證實身心一體的存在：當我們的心完全相信我們身體無恙時，身體相應的變化就會明顯表現出來。當然，一旦我們被診斷出患有可怕的疾病後，實在很難不去疑神疑鬼。

「科學經常不去管自我痊癒的案例，因為它忙著尋找統計上的平均數，」喬治敦醫學院（Georgetown Medical School）醫學教授詹姆士．高登（James Gordon）博士說，「這不是好的科學，這只是方便的科學。即使自癒的事情很難得一見，但這些『奇蹟』確實是主要典範的例外情況，並且無可避免會創造出新的研究領域。」[29]

雖然在正常情況下似乎不存在自我緩解的可能性，但我不確定它們實際上是不是真的很少發生。畢竟，由於許多人在生病時並不會去看醫師，他們甚至不知道自己生了病，更不知道自己已經自我痊癒了，而我們無法得知這樣的人有多少。此外，我們還知道有一些病人活了比預料中更多年歲。我不免會想像有不少這樣的人並沒有打電話給醫師，報告他們還活著，所以他們的人數應該沒有包含在正式的醫學統計中。

加拿大卡爾頓大學（Carleton University）的蓋瑞．查利斯（Gary Challis）與卡爾加里大學（University of Calgary）的亨德里庫斯．斯坦（Henderikus Stam）檢視一些自我緩解的案例，他們的結論是：雖然這些案例可以用來解釋何以資料不多，但倖存者的行為模式與關於他們信念的傳聞證據扮演了一定的角色。[30] 加州大學柏克萊分校（University of California at Berkeley）的研究員凱莉．安．特納（Kelly Ann Turner）曾訪談來自十一個國家的人，發現一些類似的特徵和行為模式，包括：心態積極正向、對人有信任感、注重心靈層次，並且平日服用維他命等。[31] 不過，我們無法得知癌症倖存者是因為恢復健康才出現這些特徵，或是因為這些特徵讓他們重獲健康。然而其他研究也發現，許多癌症倖存者相信，有一個可以治癒他們身體的更高威權存在。這些研究在在為我們顯示，信念會影響我們的身體。

一旦我們被診斷出患有癌症，我們就很難相信自己是健康。然而，從一九七八年我母親的癌細胞消失時起，一直到今天，我都相信如果我們的心理是完全健康的，我們的身體也會一樣健康。所以就我的想法，心理學應該可以為自我緩解的謎團提供解答。時間和研究最後會告訴我們為什麼。但在目前來說，可以肯定的是，只要這種信念不會讓我們拒絕正規醫療，它們的負面效應將極為有限。

如果我是對的，而且我們的想法對我們的健康比大多數人想像的有更大的掌控力，那麼是不是表示那些認為自己的身體衰弱與患病的人，就該為他們自己的處境負責呢？當然不是。但如果我們從出生以來接觸到的所有文化、在我們人生的每個轉折之處都教導我們，身體與心靈是各自分離的兩種實體，那就無怪乎我們會對此信以為真。這和學校所教我們的事情最後卻發現是錯的一樣。如果學校一直教我們一加一等於二，那就不該怪我們相信一加一永遠等於二。然而，一朵雲加一朵雲等於一朵雲；一堆衣服加一堆衣服等於一堆衣服；一團口香糖加一團口香糖等於一團口香糖，如此等等。因此，一加一並不總是等於二。實際上，如果我們使用的是二進位制，而不是十進位制，一加一就要寫成十。

隨著身心一體理論的研究結果不斷累積，到了某一個時刻，我們所有人都能學會如何創造出正念之身（mindful body）。但無論如何，我們現在就可以利用這些發現，讓自己變得更健康。

體現我們的心

我在大學時代開始閱讀有關壓力心理學的書籍，讀得愈多，我更加相信，壓力可能比心臟病與癌症還要致命。與健康相關的研究做得愈多，我更加深信壓力具有的破壞效應。

為了探討壓力對疾病的影響，我開始聯繫一些頂尖的腫瘤學家。有幾位學者對於壓力程度能否預測疾病進程很感興趣。例如，如果我們知道剛被告知罹癌病人的壓力程度，那麼這種對於壓力的反應是否會比醫師的診斷，更能為我們揭示更多疾病進程？

顯而易見，要為這種研究蒐集資料相當困難。同意我這個看法的醫師則列出所有可能的問題。當人們第一次發現自己罹患某種可怕的疾病時，他們不太願意參與這樣的研究。再者，要在實驗中只看壓力程度的變化，但確保其他因素不變也很困難。隨著疾病的進展，壓力程度也跟著變化。即使我們可以設計出一項研究，但誰會提供資金呢？醫學研究的出資者會認為這屬於心理學的研究，所以不在他們的領域之內。同樣的，心理學研究的資助者則認為這種研究超出他們感興趣的範圍。然而，每年研究特定疾病的人都得出相同的結論，也就是，壓力對他們研究的特定疾病造成了影響。與此同時，壓力的作用已經變得愈來愈明顯，但就像許多一度被人看作激進的觀點，最終卻讓人認為太顯而易見而無須去加以驗證。

身心一體理論告訴我們的，不只是壓力會對我們的健康產生負面影響。我和我的學生曾做過幾項關於糖尿病、免疫功能與各種慢性疾病的研究，來測試身心一體的假設。[32]

在第一項研究中，我們先招募一批罹患第二型糖尿病的患者，讓他們參與一項被稱為「糖尿病對認知功能影響」的研究。在測試參與者的血糖值後，我們要求他們玩簡單的電腦遊戲，但同時要看著桌上的時鐘，並要求他們每十五分鐘就要切換到新的遊戲，以確保他們有盯著時鐘看。

患有第二型糖尿病的患者都知道，他們的血糖值每隔幾個小時，就會依其生理特性而出現變化，很少有患者認為血糖值可以依據他們的信念而改變。儘管如此，我卻相信有可能。這個想法是在二〇〇二年，我第一次吃卡卡圈坊（Krispy Kreme）甜甜圈時出現的。如果你看著一個甜甜圈，聞著它的味道，想像吃到口中的滋味，但沒有真的吃下肚裡，你的血糖會上升嗎？我們最終找到了答案。

參加這項研究的糖尿病患者被隨機分派到三組：第一組參與者看見的時鐘

顯示的是真正的時間；第二組參與者看見的時鐘運行速度是真正時間的兩倍；最後一組參與者看見的時鐘運行速度是真正時間的一半。我們要探討的問題是，血糖值的改變遵循的是真正的時間？或者是患者感知的時間？研究結果發現，感知的時間比真正的時間更重要。而其他的測量也排除以壓力或其他原因來作為替代解釋。

在第二項研究中，我們探討的是心理因素對糖尿病患者醣類代謝的影響。醣類代謝同樣被認為是不受主觀認知影響的生理過程，而我們想測試的是，第二型糖尿病患感知糖攝取量的差異，是否會對其血糖值造成影響。我們的假設是，即使實際的糖攝取量保持不變，但人們感知的糖攝取量會影響血糖值的變化。我們邀請第二型糖尿病患者先喝一瓶飲料，三天後再喝一次，兩次飲用前都確保他們閱讀過飲料包裝上的食品營養標籤。儘管兩瓶飲料的實際成分完全相同，但兩瓶飲料的食品營養標籤內容卻不一樣。我們檢測患者在喝下飲料前和飲用後的血糖值，以追踪血糖變化。結果發現，血糖值可能會受人們認知的糖攝取量所影響，而不是受實際的糖攝取量所影響。當人們飲用標籤上顯示高糖含量的飲料後，血糖值會飆升。

根據研究證實，花椰菜有助於提升胰島素敏感性，並降低第二型糖尿病患者的血糖值。這讓我想起帕夫洛夫（Pavlov）的狗。狗狗只要看到肉或聞到肉味，就會流口水，如果我們每次吃花椰菜之前都先聞一下它的味道，就會對這個味道產生一種制約反應。如果是這樣，只要聞聞花椰菜的味道，或許就可以幫助第二型糖尿病患者降低血糖值，甚至只要想像吃花椰菜，就可能產生相同的效果。一旦我們體認身心一體的重要性，就可以想到各式各樣的可能性。

或許很多人都知道，對氣味的覺知（嗅覺）占了味道覺知的八五%。當我們鼻塞時，食物對我們的吸引力就少了一些。無怪乎臨床試驗結果顯示，可以利用氣味來提高食欲、抑制食欲，或改變對食物的渴望。因此，或許嗅覺也能給予我們飽足感，為我們創造減重的機會。先聞一下可頌麵包，你會想吃多一點。先聞一下巧克力，同樣的，你會想再多吃一點。那麼，如果在吃可頌麵包或巧克力之前，先聞一下牛排的香味，我們可能就會吃得少一點。這表示我們可以利用嗅覺這個有趣的方式來控制體重。

然而，主動利用嗅覺及味覺的力量來改變的事物，可不只是體重而已。當普魯斯特（Proust）吃到浸泡在他姨媽調製的檸檬花茶中一小片瑪德蓮蛋糕時，他的腦海中頓時陷入往日回憶，讓他進入一個比他想像還要開闊的天地。來自記憶中熟悉的味道，讓過去栩栩如生來到眼前，這在前文提到的逆時針效應也曾出現。

另一項支持身心一體的研究，是由克洛姆及其同事所進行。[33]這應該是一項很有趣的研究，因為所有參與者都有奶昔可喝。不過，研究人員告訴其中一些人，這款奶昔的熱量很高（確切的說是六百二十卡路里），而另一些人則被告知這款奶昔的熱量很低（只有一百四十卡路里），但其實兩種奶昔的熱量完全相同。然後，研究人員測量這些人的「飢餓荷爾蒙」，也就是胃飢素（ghrelin）濃度，胃飢素是由胃所分泌，通常在我們感覺飢餓並進餐前濃度最高。結果發現，當參與者認為自己喝下熱量很高的奶昔，他們的胃飢素會急劇下降，下降幅度與他們感覺吃飽時是一致的。

在我們最近進行的一項研究中，我的研究生盎格爾帶領我們實驗室的同仁，探討人們感知到的時間與真正的時間長短對傷口恢復的影響。[34]可以想見，學校的審查委員會並不樂見我們為了驗證這個假設，找有傷口較嚴重的人做為參與者，惟恐我們傷害到病人。因此，我們招募一批願意參加一項名為

「評估中醫拔罐療法效果」研究的參與者。

拔罐是一種透過放在病人身上某些部位的吸罐，來促加血液循環，幫助細胞修復、減輕疼痛並增強氣血（或生命力）。放置吸罐的部位，事後會留下圓形的瘀斑。不過，我們的目的只是要創造一個小小的「傷口」，然後觀察在預期的作用下，傷口會多快恢復。參與者被要求每隔幾分鐘就要監測傷口。每位參與者都會經歷三個時段：第一個時段，他們看的時鐘被調成比真正的時間快一倍。另一個時段，時鐘走的速度是真正時間的一半。還有一個時段，時鐘顯示的是真正的時間。參與者體驗不同時段的順序，是經過系統性的改變。那麼，傷口的恢復是依照真正的時間？還是依照人們以為的時間？結果證實，傷口的恢復是依照人們以為的時間，而不是真正的時間。也就是說，相較於真正的時間，當時鐘跑得比較快的時候，傷口也恢復得較快，而當時鐘跑得比較慢的時候，傷口恢復得也比較慢。

我們目前還進行另一項研究，在探討免疫功能以及免疫功能對普通感冒症狀的「反安慰劑效應」（nocebo effect）。[35]反安慰劑的功能正好與安慰劑相反，在於預期假治療將會帶來負面結果。在我們做的調查中，我們想知道即使沒有暴露於感冒病毒中，人的預期心理是否仍會導致感冒。我們的假設是：只要相信自己感冒，即使在沒有感染感冒病毒的情況下，仍會增加感冒症狀出現的機率。我們以兩種介入方式來建立參與者的反安慰劑心態：一、要求參與者假裝自己出現感冒症狀；二、然後再告訴他們，他們正處於感冒的早期階段。結果顯示，在參與者受到自我誘導和受到引導之下，都出現感冒的症狀，而且在研究結束時，參與者的感冒發病率也增加了。

我們還觀察參與者免疫球蛋白的變化，這種抗體能夠對抗病毒與細菌，並且保護我們的黏膜組織。我們邀請參與者到我們的實驗室，由研究人員從他們的唾液中取得免疫球蛋白A（IgA）樣本。在一般感冒病毒出現時，免疫球蛋白A就會增加，因此透過免疫球蛋白A的多寡，我們將知道是否成功誘發感冒症狀。我們也透過問卷來評估參與者的感冒症狀，問卷內容包括：一般症狀、鼻部症狀、喉嚨症狀和胸部症狀。當我們要求一半的參與者想像自己出現感冒症狀的同時，還在他們身邊放置種種會聯想到感冒的東西，如紙巾、雞湯和凡士林。我們還讓這些參與者觀賞人們咳嗽和打噴嚏的影片。

對照組也拿到和實驗組一樣的問卷，但他們觀賞的影片，是一部關於編織的不相干影片。六天後，我們分別打電話給兩組參與者，詢問他們是否感冒了。結果被誘導自己患有感冒的人當中，有三成八的人真的感冒了；而相較於對照組，則只有五％的人感冒。

當你被告知自己感冒了（即使那個人是一位醫師），你仍然是處於被動的狀態。如果反過來，你主動想像自己感冒了，那會發生什麼狀況呢？一方面，對於告知你感冒了的醫師，你將不再是被動的診斷；另一方面，這會是一個更正向的心理過程。那麼，以上兩者哪一種更具說服力？我們發現，後者較有說服力：主動想像罹患感冒，會導致相當多類似的感冒症狀出現。換句話說，主動的想像比被動的接受外部資訊更有立即影響力。不過，經過一段時間以後，結果則會不同，在一個星期後，被動接受資訊的參與者報告自己罹患感冒的人較多。這告訴我們，也許想像發揮的作用比較快，但作用消失的也比較快，一旦接收被「診斷」患有感冒的資訊，就會在你的腦海縈繞好幾天、揮之不去，結果也變得愈來愈可信了。

在我們做的這項早期調查中還發現，效果最大的是「雙管齊下組」。我們首先要求參與者主動想像自己得了感冒，之後再由一位「醫師」告訴他們確實罹患感冒。結果這組人報告自己得到感冒的人最多。換句話說，他們是最確信自己得了感冒的人。但是，他們真的得了感冒嗎？答案是，是的，他們血清中的免疫球蛋白A較高，顯示身體正在對抗感冒病毒。

透過以上的研究告訴我們，我們很有可能在沒有感冒病毒介入的情況下得到感冒。當然，感冒並不一定是無緣無故的冒出來，也許在這兩項研究中，都有一種潛伏的病毒被激發了。然而，如果參與者可以用他們的心思來激發一種潛伏的病毒，那麼用心來阻止或減輕活性病毒這樣的想法，也就不會令人太難以想像了。

或許有人會認為，對於這些研究結果，醫界人士理所當然會感到驚訝或是懷疑。但是我們發現，審查有關這項研究論文的醫師告訴我們的卻恰恰相反。一位審查人員認為我們這項研究了無新意，因為我們已經發表與糖尿病有關的論文。現在看起來好像每個人都相信身心一體，因此不需要再做更多的研究。他們好像在告訴我們，一個沒有接觸到病毒的人會出現那種染病的症狀是顯而易見的事。如果是這樣的話，那麼反過來似乎也不會錯，整個感冒藥製造業也該停止營運了。

正如叔本華所言：「所有的真理都要歷經三個階段：首先，受到嘲笑；然後，遭到激烈的反對；最後，被認為是不證自明的。」因此，不僅是人的心態難以改變，而且一旦心態改變了，人們就表現得好像他們向來就知道是這樣似的。而顯然，下一位接受我們稿件的期刊編輯還沒有到達第三個階段。

遺憾的是，抱持身心二元論信念的人依然很多。撇開像歇斯底里這樣的心因性疾病不論，人們對於大多數疾病（從一般感冒到癌症）的主流信念依然是，生病就一定是因為感染細菌或病毒。然而，我們實驗室和其他心理學家的實驗正在質疑這樣的觀點，其實一般感冒也可能是我們思想的產物。

我們的正念研究，正在對人們假設的許多健康與幸福的界限提出質疑。當我們克服被動的接受他人給予的標籤，懷抱著積極而不是消極的期望，並且清楚認識到安慰劑的力量，我們就可能使自己變得更健康和幸福。我認為我和其他人已經進行足夠的研究，足以克服長期以來讓我們無法處於最健康狀態的無意義限制。

第 8 章

關注變異性

我們很難清楚知道人們罹患的到底是什麼病，因為每個活著的人都與眾不同，他們身上一直帶著專屬於他的獨特、個人化、新奇又複雜的疾病，那是醫學所無法得知的。

——列夫．托爾斯泰（Leo Tolstoy）

生命，就如同現實中的一切一樣，充滿不確定性且總是變動不居。在某種程度上，我們對這件事再清楚不過了，因為我們很容易就會注意到事物從好到壞的變化（但通常不會注意到從壞到好的變化）。

奇妙的是，每當牽涉到醫學診斷時，我們往往**不**接受這種不確定性；如果沒有醫療的介入，或是有醫師告訴我們已經康復，我們就會傾向於認定身體狀況沒有改變，症狀也一如既往，並且用類似的反應面對這些症狀。特別是當我們發現自己得到某種慢性病時尤其如此，正因為被貼上「慢性病」的標籤，我們往往會無意識的預期症狀會維持很長一段時間，或接下來症狀可能會惡化。

或許我們的健康或症狀的變化可能不太明顯，但如果你仔細留意，就會發現身體狀況有時會好一點，有時則差一點。**我相信，掌握我們健康的關鍵，可能就在於有意識的留意這些細微的變化**。事實上，光是做到留意細微的變化，並自問為什麼會發生這種狀況，然後測試自己的假設，就可能會對所有疾病造成顯著的影響。相反的，如果我們只是假設事態不會改變或者只會變得更糟，就等於放棄掌控自己身體的機會。

別讓「病況」造成過度影響

舉個簡單的例子。如果你被診斷出患有某種疾病，但在一天當中的某個時刻，卻沒有出現相應的症狀，那麼，你認為自己還患有這種疾病嗎？

我們在某個時間點去診所就醫，並在就診時透過檢查獲得各項身體資訊，像是膽固醇數值、視力、血壓、疼痛程度、脈搏等等，醫師就像是對我們的健康狀態拍攝一張快照似的，將結果登載到我們的病歷中，而這張照片呈現出來的是**看診當天的狀況**。然而，身體的檢測結果與各項健康指標並不是靜態的，它們在一天、每一週與幾個月之間都會發生波動及變化；但是，我們經常對這些變化視若無睹，不假思考的便將醫師診斷出來的數值視為固定不變或當作基準值。

同樣的，一旦醫師對我們的健康做出診斷，我們往往會將這些症狀視為固定不變的，但實際上它們同樣在不斷變化，例如有時疼痛較劇烈，有時疼痛較減緩。現在，讓我們回到剛才那個簡單的問題：沒有症狀出現時，我們應該算健康吧？

當我在台上講到這些觀念時，有時會詢問台下聽眾是否知道自己的膽固醇數值，通常有人會很快舉手，告訴大家他的膽固醇數值。接著，我會繼續問他：「這個數值是什麼時候量的？」一般來說，聽眾的回答都至少是在六個月以前；就算他們說是昨天量的，我也會繼續追問：「你在量完之後沒有吃飯或運動嗎？」如果他們在那個當下還沒有意會過來，我會接著問：「如果你再也沒有去檢查，你就會以一個『健康的人』的狀態離開這世界。」

另一方面，當我們預期會出現某種症狀時，往往就會用它來解釋所有事情，完全無視於其他的解釋。例如，假設你患有關節炎，於是當某個早晨醒來時，發現肩膀特別疼痛，這時你並不會感到意外。但是，你的痛一定是關節炎造成的嗎？還是因為前一晚沒睡好，或是前一晚因坐姿不良看了好幾個小時的電視？如果造成疼痛的原因是你的床或沙發，你就可以做一些相應的改變，避免讓肩膀繼續痛下去，但你卻選擇將疼痛歸因成關節炎，對其他可能的解決辦法視而不見。

那麼，我們究竟該怎麼做呢？我認為，我們不只在症狀出現時必須留意，在症狀沒出現或者症狀程度有所改變時也必須留意。我們需要有意識的關注症狀的變化，然後問問自己，為什麼在某些特定時刻這些症狀會變得較好或較壞。

診斷是一種標籤

儘管專業醫療人員必須以某種簡化的語彙，來描述健康和疾病的複雜性（例如將一名癌症患者的病情，以期數稱為「第三期」或「第四期」），但大多數醫師已經開始將患者視為單獨個體，並且盡可能避免進行一體適用的治療。畢竟，每個個體都不相同，我們與之前的自己也不同。事實上，所有人都並非永遠不變，任何時刻構成我們身體的原子都和前一刻不同；更進一步來說，我們身體中的原子每七到十年幾乎會全部換新。

讓我們簡單討論一下，這會對藥物試驗造成怎樣的影響。臨床試驗對象並非把人複製，參與者中有些高、有些矮；有些胖、有些瘦；有些新陳代謝快，有些則比較慢。因此，醫師開立處方時，可能會根據我們的體重來決定適當的劑量。於是，我們不假思索的服下這些藥物，彷彿它是**專門為我們量身打造**一般；事實上，我們應該關照自己的身體攝入藥物所帶來的細微變化，這樣才能與醫療團隊討論是否應該增減劑量或停用藥物，以提高整體的治療效果。

雖然醫師知道不同人可能有不同的症狀表現，但他們可能沒有敏感度，能去察覺不同人的症狀差異。如果醫師被問到：「所有人的症狀是否都一樣？」他們肯定會回答：「不是。」然而在現實中，他們通常不會特別關注那些差異的存在。我們不可能期待醫療機構會每天幫我們檢查眼睛、血壓、脈搏、體溫或血液，更別提每小時了。但必須再次強調的是：我們身上的一切都在不斷變化之中。

同樣的，疾病並非永久不變。**認為疾病會一直存在是一種錯覺，這樣的想法可能會賠上我們的健康**。如果我們隨著時間推移，從微觀角度持續觀察自己，就能看出其中變化，但我們通常不會注意自己每天經歷的微小波動。

我們的許多感覺常被認為是「症狀」，但究竟要出現多少次症狀才有資格被貼上「生病」的標籤？又是由誰來決定呢？一旦接受這個標籤，我們就會自動忽略所有反證，相信這個診斷不僅準確，而且永久不變。相反的，關注變異性，可以減少我們傾向將疼痛和不適視為生病的證據。例如，我們感覺到的關節僵硬很可能不是關節炎所導致，而是一連好幾個小時進行園藝活動的結果。

關注變異性

為了幫助社會大眾了解變異性這個概念，我經常會向大家提出一個問題。我通常會找一些戴眼鏡的人，問問他們什麼時候開始戴眼鏡，以及是否曾經拿下眼鏡來測試自己是否看得清楚。絕大多數人表示，自己的眼鏡是用來閱讀的，每次閱讀前都會戴上它，不論字體有多大或內容有多熟悉。配戴雙焦或多焦鏡片的人更是一直戴著眼鏡，完全沒有考慮當下是否需要它們。於是我建議他們，試著留意自身視覺能力的變異性，畢竟如果能夠讓自己不再依賴這些「拐杖」，豈不是更好嗎？當他們真的嘗試拿下眼鏡，可能會發現自己的視力在下午比上午差，那麼在下午時吃塊能量棒或小睡片刻，或許是替代眼鏡的好選擇。

如果是視力嚴重受損的人，確實有必要隨時戴著眼鏡，但對一般人而言，視力改善的可能性能讓我們意識到，過去視為不可能改變的事物，或許同樣具有改變的可能性。助聽器也是如此，既然它可以被輕易戴上與取下，即使沒有醫師在場，你也可以自己進行實驗。

你可以用同樣的角度思考緩瀉劑的使用。偶爾服用並不會對身體造成傷害，但如果你每天都要服用緩瀉劑，等於是在教導身體等待它來幫助腸道蠕動，從而對緩瀉劑產生依賴。在我看來，這和過度依賴眼鏡或助聽器沒有兩樣。

有一次我問朋友在服用什麼藥物，她告訴我：「這是一種非處方軟便劑。」我問她多久服用一次，她說每天都吃。我告訴她，是否應該想想自己必須每天服用軟便劑的原因是什麼，便祕會不會是所吃的東西或吃的份量所導致？畢竟吃水果、蔬菜和吃乳酪、爆米花，兩者顯然差異很大；吃得很少和吃得像職業美式足球運動員一樣多，也顯然大不相同；喝很少液體和喝大量液體也是如此。又或者，服用其它藥物是導致她便祕的主因？若是如此，她應該要考慮調整目前使用的藥物。

當我們只是無意識的遵循每日治療計畫，這些細微的問題往往會被忽視，甚至連被稍加思考的機會也沒有。我們需要留意自己何時需要或不需要服用緩瀉劑，這是醫師無法幫我們完成的任務。**醫師是很好的顧問，但要為一切負責的人是我們自己**。

一位朋友在閱讀本書初稿後，發現關注變異性能夠幫助他緩解甲狀腺炎的不適。當時，他被醫師告知疾病成因不明，因此沒有建議的治療方式。但在留意症狀的細微變化後，他發現如果自己一早做些劇烈運動，身體就會感覺舒服一些，彷彿能「燃燒掉」一些症狀，讓他比較能應對身體的不適。我想，無論是多麼有善意的醫師都不可能發現這種對我朋友來說非常有效的處置辦法，畢竟早晨運動對其他人可能一點效果也沒有。這就是我們必須親自嘗試的原因，也是關注變異性的力量所在。

另一位讀過本書初稿的讀者，也分享她對關注變異性策略的應用：

我斷斷續續和眩暈症糾纏好幾個月。就在上週，我半夜時醒來知道自己再次發作，感覺天旋地轉、冷汗直流，只能努力讓自己別吐出來。隔天，我馬上去看醫師，進行『調整』後（基本上，他們會設法讓你的耳石回復原位，好讓你不再眩暈），我感覺好多了。但昨晚情況又再次變糟，我整整躺了幾個小時，咬緊牙關等待痛苦過去。但在經過一小時左右，我突然想起妳書上談到關注變異性的方法，所以開始試著比較當下與上週經歷的情況，並且每隔十分鐘比較一下感覺上有何不同。

妳說的果然沒錯，我能清楚分辨出高低起伏的變化，並注意到昨晚的情況比上週發作時要好上許多。我發現我的大腦不知為何已經明白，自己實際上並沒有在墜落或旋轉，所以即使我的眼睛依舊這樣告訴我，但我的胃並不像上週那樣劇烈翻騰。這讓我感到希望和平靜，讓我的世界終於停止旋轉。

毫無疑問的，這種關注變異性的方法，適用於我們每一個人。一個人到底要多常喝酒才算是酗酒者，標準又該由誰來決定？讓我們運用關注變異性的概念來探討這個問題。

不妨考慮寫一份日記，每兩小時記下當時的情境及下列四種不同情況：「你想喝酒」或「你不想喝酒」，以及「你確實喝了酒」或「你沒有喝酒」。一週後回頭檢視你的日記，很可能會看到各種組合，例如有時你根本不想喝酒卻喝了酒，有時則很想喝酒卻沒有喝。許多有酗酒問題的人堅信自己無法控制對酒精的渴望，但這份日記卻能描繪出一個截然不同的事實樣貌：在哪些情境下你並不會想喝酒，或者雖然想喝但能忍住不喝？

關注這些情境上的差異能夠明確告訴我們，我們確實擁有控制能力。我們還會開始注意到，「外部變異性」和「內部變異性」之間並不存在鮮明的區別，這讓我們意識到，幾乎所有事物都在變化，包括症狀及感受的強度、持續時間，以及它們發生在身體的哪一個部位。

在早期的研究中，我們發現透過關注變異性，人們可以學會控制自己的心率。我和當時的學生蘿拉・德利佐娜（Laura Delizonna）、萊恩・威廉斯（Ryan Williams）要求參與者在一週內，每天測量並記錄自己的心率，記錄時間則依分配到的組別而有所不同。[1]關注變異性組必須每三小時做一次記錄，記下當時正在進行的活動，以及心律與上次測量相比是增加或減少，能讓他們更加關注變異性。一週後，當所有參與者回到實驗室，在未獲得任何指導的情況下，被要求試著提高或降低自己的心率。結果顯示，關注變異性組更能做到這一點；此外，在「蘭格正念量表」（Langer Mindfulness Scale）上得分較高的參與者，無論被分配到何種實驗條件，都能更有效的自主調節心率。

在另一項實驗中，我和來自以色列的同事西格爾・齊爾查－馬諾（Sigal Zilcha-Mano）測試關注變異性對孕婦的影響。[2]參與者在懷孕二十五至三十週時，被要求關注自身感覺的變異性（無論是正面的和負面的感受變化）。我們發現，當孕婦關注自身感覺的變異性時，她們的孕期會比較輕鬆，而且「阿普伽新生兒評分」（Apgar score）顯示她們產下的寶寶更健康。阿普伽新生兒評分是全球產房醫護人員所普遍採用的健康評估指標，在新生兒誕生後的第一及第五分鐘檢查其皮膚顏色、心率、反應、肌肉張力與呼吸，能快速掌握寶寶的健康情況。結果顯示，保持關注變異性組的得分明顯較高。

當我們意識到身體內部的變化（例如出現的感覺、強度和持續時間）及外部線索（例如變化的發生是在一天當中的哪個時段）時，我們就會對自己的經歷和感受投入更多關注。我們身體的哪些部位受到的影響最大（或最小）？這些感覺如何隨著時間推移而變化？這些變化如何影響我們的行為？透過注意這些變化，我們可以重拾對於自身健康的掌控力，對於身體的不適症狀，也變得不再那麼難以克服。

關注變異性同樣適用於更年期問題上。正經歷更年期的婦女，整夜都會出現熱潮紅嗎？多半不會。當她們開始關注變異性，可能會注意到熱潮紅在某些時候會比較強烈，這樣做同樣可能帶來顯著改善。諷刺的是，我自己卻錯過這樣的好處。多年前，我向一位朋友抱怨熱潮紅的問題，她表現得很驚訝，因為我很少抱怨任何事情。她說：「如果我向妳抱怨熱潮紅，妳一定會要我去想想它的好處，像是可以燃燒卡路里之類的。」她的話令我突然間興奮起來，這可是一個不用節食就能減重的全新方案！奇怪的是，我從此以後再也沒有出現過熱潮紅，它的消逝反而讓我有一絲遺憾。

簡單來說，關注變異性能幫助我們看清症狀的來去，進而找出可能導致這些波動的外在情境，讓我們可以對症狀施加一些控制。擁有更強的掌控感，就能創造出一些過去幾乎不可能想到的解決方案，以及更多的樂觀和更少的壓力，這些都有助於增進整體健康。

擁抱不確定性

在思考健康問題時，壓力往往不在我們的思考範圍內，但它確實經常扮演著關鍵角色。如果我們確信健康危機不會發生，但它卻發生了，心理就會經歷強大衝擊；如果我們確信疾病或傷害會發生，我們的恐懼會隨著每一個症狀的出現而不斷增強；我們不太確定自己的病情，但又認為自己應該知道身體出了點狀況時（例如當醫師問我們症狀已經出現多久），也會增加我們的壓力。

但我們其實還有另一種選擇，能夠讓我們擁有前面提到的那種掌控力。我們必須改變自己的思維方式：**一方面承認不確定性的存在，一方面同時保持信心**。沒錯，不確定性經常會帶來壓力，但是透過接受變化乃人世之常，我們就可以善用這種不確定性的力量。如果我們願意承認沒有人能夠真的完全清楚知道所有事（因為萬事萬物都在不停變化，而且從不同角度來看，一切都會有所不同），那麼「不知道」本身，也就變得不再讓人倍感壓力。

「不確定、但有自信」是什麼意思？**當我們知道自己並無法擁有所有問題的答案，但仍然願意採取行動時，我們就更容易做出有自信的行動**。一般來說，不確定性會妨礙人們採取任何行動，讓人不斷思考：我應該做這個嗎？我應該做那個嗎？由於無法確定，最後乾脆什麼都不做。相反的，一旦我們承認一切都是不確定的，不確定性就成為我們日常生活的一部分，而不會阻擋我們向前邁進。當我們感到自信時，就會想完成更多事，並對自身成就感到滿意，同時更有可能感到自豪。

當我們不再對不確定感到不安時，就會更樂於接受新的資訊，而且更可能從自身錯誤中學習。或許更重要的是，當我們感到不確定時，就會更樂於接受來自他人的意見和建議。

當我們感到不確定時可能會問自己：「為什麼呢？這種不確定感是從何而來的？是因為我不知道，還是因為它本來就是不可知的？」有種觀點是把不確定性歸因於個人有所不足，並為了去除不確定感而奮力追求確定性。另一種更理性的觀點，則是把不確定性歸因於根本就沒有人知道。沒錯，我不知道，你也不知道，任何人都不知道。也就是說，我目前所希望知道的事情，根本無法明確知道的。

當我們**將不確定感歸因於個人問題**時，其實是在對自己說：「我不知道，但你知道。」於是我們可能會為了挽回顏面而假裝知道，並倍感壓力；相反的，當我們**將不確定感歸因於普遍現象**時，我們就會明白自己和別人其實沒什麼不同，無論其他人看起來是多麼篤定，確定性依然不過是種幻覺。當我們意識到這一點，就比較容易做到「不確定、但有自信」。

抱持不確定性可能是健康的關鍵。透過擁抱不確定性，我們可以善用它，並在變化中發現解決方案，而不是一味躲避它。

引導病患關注變異性對健康的影響

許多年長者受記憶力衰退所苦，這可能讓他們擔心很快就會無法記住任何事情；而家人們也往往抱持著相同看法，認為他們只會愈來愈衰弱，並缺乏認知能力。於是，當人們需要獲得老人身體情況的資訊時，經常會忽略本人，直接詢問他身旁的陪伴者。讓我感到十分尷尬的是，在父親生命的最後一年，我也對他做出類似的假設。

我父親晚年患有輕度認知障礙。有一天，我和他玩金拉密紙牌遊戲（gin rummy）時，我以為他記不住牌局中被丟出的牌。當我內心還在掙扎要不要放水讓他贏的時候，他放下手上的牌，興高采烈的宣布他贏了。這讓我尷尬的意識到自己犯的錯誤：輕度認知障礙可能讓他喪失一部分記憶，但有些事情他還是能記得。

幾年後，我和我的研究生凱瑟琳·貝爾科維茨（Katherine Bercovitz）及博士後研究員卡琳・甘內特－沙瓦爾（Karyn Gunnet-Shoval）對這個問題進行更正式的研究。[3]我們邀請一群介於六十五至八十歲之間、擔心自己有記憶力問題的年長者，讓他們在一週中關注自己記憶能力的變化。我們透過手機簡訊進行介入，要求年長者每天為自己的記憶力評分兩次，並留意它在不同時間的變化，同時思考導致這些波動的可能原因。不出所料，我們發現這項介入能為年長者帶來正面效果。相較於介入前，關注記憶力變化組在記憶失誤上的報告明顯減少，而對自身記憶力的掌控感則有所增強；相反的，只被要求關注自己記憶表現（而不是記憶力變化）的人，對於改善自身記憶力的信心程度則明顯較低。

後來，我們對慢性疼痛患者也進行一項類似的介入措施，方式是一週內每天發給他們兩次手機簡訊，提醒他們留意疼痛程度的變化，並要求他們嘗試理解為何會發生這些變化。我們發現，留意疼痛的強度變化能夠帶來正向改變，例如因疼痛而干擾日常生活的次數顯著減少。關注變異性的介入措施，還能減少他們視疼痛為生命無法擺脫的宿命，並增強他們和醫師溝通自身症狀的意願。

我與以色列研究夥伴諾加・祖爾（Noga Tsur）和露絲・德弗林（Ruth

Defrin）做過另一項疼痛研究，但這次是在她們位於以色列的實驗室中進行。[4]

如果你曾經在牙醫診所接受過口腔麻醉注射，或許會注意到牙醫在注射時，會對口腔的另一側施加壓力。這個動作看起來似乎完全沒必要，但其實有助於減輕疼痛，因為人體出現兩處疼痛時往往會彼此相互平衡；換句話說，牙醫對口腔施加壓力，讓針頭刺下去時不會感覺那麼痛。不幸的是，對部分慢性疼痛患者來說，這個方法完全不管用，他們的痛感並不會因此減輕，無論有沒有施加壓力，注射時都一樣痛。我們想知道的是：關注變異性是否可以減輕他們的疼痛，使患者的感覺更接近一般健康者。我們也測試一般正念治療的效果，這種治療是要患者主動注意與疼痛無關的一些視覺圖像。

在這項研究中，參與者被分配到接受關注疼痛變異性訓練組、接受正念治療組，以及無任何介入的控制對照組，我並要求參與者將手放入溫度很高的水中。實驗過程很複雜，但結果一點也不複雜：關注疼痛變異性與一般正念治療的效果都像施展魔法般顯著改善疼痛，而控制對照組則依舊感覺疼痛。

近年來，我們在哈佛大學的實驗室，探索人們眼中難以治癒的疾病背後的身心效應。帕格尼尼、菲利普斯、科林·博斯馬（Colin Bosma）、安德魯·里斯（Andrew Reece）和我蒐集關於肌萎縮性脊髓側索硬化症（簡稱ALS，俗稱漸凍症）患者的一些數據。漸凍症是一種進行性的神經系統退化疾病，會導致患者肌肉萎縮及運動神經元退化，目前尚無藥物可醫治。[5]我們用「蘭格正念量表」對漸凍症患者進行評估，發現正念分數較高者的功能喪失速度較慢。

一旦我們知道漸凍症患者的功能喪失和正念之間存在相關性，就希望能增進他們對自身症狀變異性的主動關注。我們請參與者觀看一部介紹正念主要原則的短片，內容包括：理解不確定性與留意症狀變異性的重要，以及以創新方式應對症狀的可能性，並認識到好與壞的評估並非源於外在現實，而是由我們的想法所決定。接著，我們讓參與者投入與上述原則相關的練習。

例如有項練習涉及輪椅的操作。我們請患者聚焦於操作輪椅時的細節，尤其是留意自己如何握住輪子、用到哪些肌肉，以及讓輪椅開始前進時的肌肉變化。像是輪子靜止時，手抓住的地方是哪個位置，還有轉動輪子時，用力的是手的哪個部分和哪些手指。

實驗組參與者在完成兩項正念練習後，持續五週每天留意身體微小的變化。相較於實驗組，對照組則是讓參與者閱讀漸凍症相關衛教資訊，並與實驗組進行相同的心理評估。根據過去研究顯示，漸凍症患者通常會感到焦慮與憂鬱，所以我們在研究一開始先進行參與者焦慮與憂鬱評估，並在實驗三個月及六個月後的後續追蹤中再次進行心理評估。結果並不令人意外，研究介入（患者只需投入相對較短的時間且容易辦到）有助於改善漸凍症病患的心理健康：相較於對照組，接受正念練習者的焦慮與憂鬱程度皆獲得顯著降低。我們目前也正進行一項追蹤研究，以觀察正念練習對漸凍症患者生理症狀及整體健康的影響。

除了漸凍症以外，我和實驗室成員還研究許多其他慢性疾病，包括糖尿病、帕金森氏症、輕度認知障礙、多發性硬化症、中風與憂鬱症。在每一項研究中，我們都會教導患者（如果情況允許，還包括他們的照顧者）關注症狀的變異性，以正念方法來控制特定疾病造成的影響。截至目前為止，我們對多發性硬化症[6]、中風[7]、帕金森氏症的研究已取得初步結果，並對其發展前景感到樂觀。

就肢體障礙者來說，藉由正念跳脫受限的觀點，往往能夠發展出其他替代能力，甚至能夠完成一些原本以為自己無法辦到的事情。例如，只有一條腿的人可能認為自己無法踢足球，但其實很多擁有兩條腿的人也無法踢足球。事實上，減少外團體偏見的一種方法，可能就是增加內團體中的個別差異。一旦認清「我們」之間也並非完全一致，「他們」看起來就不再那麼截然不同。

身體各個部位都具備許多功能，因此，若是說「某個部位完全失能」，未免太以偏概全，然而，我們時常習慣用自己「缺少什麼」，而不是「擁有什麼」來定義自己。當我們愈有覺察力，愈能開放的意識到變化，從而變得更有韌性。具有正念思維的人與將所有情況視為差不多的無助者不同，能夠注意到不同情況之間的差異，因而更能保持彈性。舉個簡單的例子來說，即使我們被鑑定為肢體障礙，並領有身心障礙者專用停車位識別證，但我們未必一定要把車停在身障車位上。

身心一體理論將身體與心靈視為一體，因此預期那些能夠促進我們身體健康的原則，同樣適用於促進我們的心理健康，例如關注變異性療法對於憂鬱症患者可能同樣有效。憂鬱症患者經常抱持一個堅定信念，那就是認為自己的症狀不可能獲得改善，不相信自己能在隧道盡頭迎來光明。然而，沒有人的憂鬱在每天、每時、每分都完全相同，留意我們感覺的微小改善，就如同面對生理症狀時關注變異性那樣，有助於改善自身的心理狀況。對於醫學界普遍認為難以治癒的精神疾病，關注變異性療法可能有所助益，但像思覺失調這類較嚴重的疾病，與其期待患者自行關注自身症狀變化，不如由臨床醫師進行監測。

我們不僅能將關注變異性用於改善慢性疾病的症狀，還可以用來減少吸菸、喝酒，甚至是暴食等行為。有酗酒、菸癮或暴食問題的人，往往以為自己無時無刻都想喝酒、吸菸、大吃大喝。但就像前面提到的，如果我們每天定期記錄自己是否真的想要這些東西，以及是否真的吃了或用了它們，就會發現：儘管我們以為自己總是想要這些東西，但實際上並非如此。更重要的是，這能讓我們意識到決定權在於我們自己，而不是酒精、香菸或蛋糕。

正念帶來治癒良機

記得母親住院的那段日子，陪在她身邊的我總是深感無助。如果那時有人能鼓勵我多關注她的症狀變化，幫助她意識到如何藉由這些變化來改善自身情況，我可能會好過許多。在我們的許多研究中，無論研究的是何種疾病，都發現當我們讓患者更具正念，更關注症狀的變化，並讓照顧者參與其中時，患者就會出現明顯的改善。多年來，我從研究中得到的大量數據也清楚顯示，正念不僅有益於改善人們的健康與病情，還能讓他們感覺更好。

想像一下，如果醫院或安養中心醫護人員能夠每天記錄患者或長者與前一天的變化差異，那會發生什麼情況？可以想見，為了記錄，他們必須對被照顧者投注一種不同於以往的關注。有些醫護人員可能認為，增加這項記錄會讓工作內容變得更加沉重，但我反倒覺得這會讓工作變得更加有趣。照顧者倦怠確實存在，醫院和安養中心員工的流動率也是一個問題，但藉由提高醫護人員的正念，能夠讓某些單調照顧工作所帶來的壓力與緊張得到舒緩。

此外，透過關注患者的身體變化，照護者可能會更加注意患者的心理。當照護者投注這樣的正念關注，不僅讓患者感到被重視，人們也會開始珍惜與醫護人員間的關係。幾十年來的研究顯示，正念有助於改善患者的健康狀態。按照這個邏輯，對醫院患者和安養中心住民投注更細緻、更貼心的關照，理應同樣能夠提升醫護人員的健康狀態。

麗塔．卡倫（Rita Charon）博士的《敘事醫學》（*Narrative Medicine*），

讓我認識到一場與身心一體理論密切相關的醫學運動。[8]透過聆聽病人的故事，醫師們開始看到每個人的獨特性，這種對獨特性的覺察，是正念的一個重要標誌。當醫師視每位病人為獨一無二的存在，就能保持專注與投入；當病人發現醫師在專注聆聽，會感覺自己被同理，因而減輕壓力，治癒之路就此展開。

卡倫博士在書中寫道：「有時，醫師和病人彷彿是兩個不同的星球，只能透過一些餘光和奇異的物質，來得知彼此的軌跡。」只診斷病人的生理症狀，而不去探究這些症狀對病人意味著什麼，就可能錯失許多治療良機。聆聽可以擴大治療的可能性，例如卡倫博士有一位八十九歲的病人，各種檢驗與診斷都無法解釋她經歷的疼痛，直到卡倫博士發現，病人在年幼時曾被性侵，而且從未向任何人透露，這時這位女士才終於敞開心扉，結果她的疼痛減輕了，因此得以恢復健康。

當我們罹患某種疾病時，往往會將每一次疼痛都歸因為疾病所導致。但事實上，至少有一部分的生理問題可能有其他解釋。當醫療專業人員不假思索就將病患的每一個症狀，都歸因為他們所診斷或正在治療的疾病時，就可能會忽視影響患者疾病進程的其他可能性。即使診斷確實有用，卻只是把注意力關注在一部分的生活經驗，而忽略整個環境對我們生理反應的影響。

我們經常在一般情況下思考，卻在特定情況下行動。我們總是在腦中想著要減肥，卻在現實中吃掉眼前的巧克力棒。有時候，過於概括的推斷會讓我們看不見特定的相反例子，就像當我們心情低落時，可能因為太過鬱悶，而沒有注意到在有些特定時段，自己的心情其實沒那麼糟，或根本沒有心情不好。

關注身心的變異性能夠幫我們解決這個問題。當我們關注變異性，我們可能會更快注意到新的症狀。留意身心變化，會引導人們從中發現他們能夠掌控自己的狀況，並且試圖找出問題所在。

想要親身實踐「關注變異性」方案，**第一步要先認定改變是可能的**。正如我一再提出的，我們永遠無法知道狀況是無法改變的；所有的科學都只能告訴我們，狀況可以改變，或者結果還不清楚。當我們相信自己就像童謠裡的蛋形矮胖子（Humpty Dumpty），一旦不小心栽了個大跟斗，即使國王召來全國兵馬，也無法將我們重新拼湊起來，如此一來，我們勢必將感到沮喪無助。也許對大部分的人來說，真正需要的只是有人告訴我們，改變是可能的，然後我們就可以懷抱著信心，展開一段邁向改變的旅程。

關注變異性，開創更多可能性

此時此刻，我們就可以開始關注身心的變異性。首先相信改善是可能的，然後留意藥物、治療及期望開始發揮作用的跡象。透過這樣的方式，我們就會認識到這些介入在什麼狀況下會起作用、什麼狀況下不會起作用，然後，善用這些資訊，幫助我們獲得療癒的機會。或許這也可以解釋安慰劑如何起作用：一旦我們服用安慰劑，我們就會期待好轉。不過有時候，我們很難留意自己的疼痛是怎麼改變的；儘管如此，我認為花點時間來弄清楚仍是非常值得的事，這些資訊也可以提供給醫師，做為疾病診斷和後續治療上的參考。

關注變異性告訴我們的是：我們可以用動態角度、而非停滯不動的靜態角度來看待疾病；忽視變異性的診斷可能適合用來作為蒐集資訊的起點，卻不適合用來做出疾病診斷的結論。照顧者也可以藉著留意受照顧者的身心狀態變異性，來提升更細緻的照顧品質；更重要的是，所有人都可以體驗到另一種不同的醫療環境。

當我們將這些關注變異性的研究整合起來，就會發現：僅僅只是做到關注變異性這件事，就可能對我們的健康產生重大的影響。事實上，從演化的角度來思考，能存活下來的物種也許不是最強壯的，而是最能回應變化的物種。

當我們注意到自己症狀的變異性時，會發生四件事情：

首先，不管你原本是怎麼想的，你會開始意識到，自己並不是一直都有這個症狀，而且症狀發生的程度也有差異，光是知道這件事就會讓我們感覺好過一些。

第二，關注變異性本身就是有覺察力的表現，而我們這幾十年來進行的研究證實，正念對我們的健康有益。

第三，努力尋找解決問題的方法，會比只是覺得束手無策、不加思索的認命來得理想。

第四，我們會開始感覺自己更能夠掌控自己的人生。

透過追蹤不同時間與不同情境上造成的變化，我們就能培養對變異性的覺知。而留意我們身體不同部位的變化，例如我們的感覺、情緒、想法和環境的不同，也會讓我們更有力量。我們每一個人可能在不同面向上與平均值有別，科學基本上是尋找平均值與普遍趨勢，而將個體差異視為「雜訊」（noise），但這個「雜訊」卻可能藏有讓我們健康的關鍵。此外，與其專注在標準化反應，這些例外表現可能才是關鍵，我們必須要追問：為什麼這個人不符合常態？

未來必然將與過去不同。要如何看待所有的不確定性？請開始留意此時此刻正在發生的事。

第 9 章

正念感染力

純粹的真理無法為群眾所吸收，必須透過感染力來傳播。

——亨利－弗雷德里克．阿米爾（Henri-Frédéric Amiel）

我們都曾被某人所吸引，卻不清楚原因何在，他們似乎有一種特別、難以言喻的魅力；同樣的，我們也曾覺得某些人特別令人厭惡，感覺他們更像是機器人，而不是有血有肉的人類。這麼說來，我們可能在無意間對他人的正念或非正念做出反應。我明顯偏好與正念者相處，所以我開始思考：也許僅僅是和正念者在一起，就有可能讓自己變得更具正念。

但在正式研究正念具有多大程度的感染力之前，我們必須先確認大多數人是否會被正念者所吸引。多年前，我在哈佛商學院任教一個學期，我和研究夥伴約翰．斯維奧克拉（John Sviokla）就討論到這個想法，並決定以一群雜誌推銷員進行測試。

感知正念的能力

我們隨機把一群推銷員分成兩組：第一組推銷員被要求以完全相同的方式接觸每位新客戶，並且對每一位潛在客戶使用完全相同的銷售話術；第二組推銷員則被要求採取更具正念的方式接觸客戶，面對每一位潛在客戶時都要稍微修改說詞，確保每次都使用新的銷售話術。[1]

實驗結果顯示，接受正念銷售話術的客戶，不僅對推銷員魅力程度的評價較高，訂閱雜誌的比例也比接受固定銷售話術的客戶高。這項研究提供的初步證據表明：正念確實可以快速為他人所感知，並進而影響他們的行為。

於是我開始好奇，動物在與人類互動時，是否會感知到正念。一開始，我把我的狗狗帶到實驗室，讓實驗室成員逐一以非正念（在腦海中重複過去習得的東西，例如童謠〈瑪麗有隻小綿羊〉）及正念（專注的想一些新奇的事，如「如果瑪麗帶到學校的是一隻狐狸，而不是一隻羊，會怎樣呢？」）的方式與狗狗互動。我發現狗狗在決定要找誰玩時，兩種互動方式確實會造成不同影響，狗狗更喜歡接近正念者。但參與實驗的是我的狗狗，我知道當中可能受到其他因素的影響，例如狗狗接近某人，是因為牠感覺這個人在某種程度上與我較相似（會餵牠們、給牠們獎賞），這顯然與正念與否並不相關。

我沒有因此而氣餒，而是把試驗場地轉移到一間提供短期寄養服務的狗狗旅館，工作人員十分樂意協助我測試狗狗對人類正念的感知。我將工作人員分成兩組，一組接受正念訓練，在與狗狗相處時思考一些關於童謠的新想法；

另一組則被要求在腦海中不斷重複相同的童謠。這樣會影響狗狗對人類的偏好嗎？看起來是的，但可惜的是，狗狗旅館是一個充滿狗吠聲與不間斷活動的嘈雜環境，讓我們無法得出任何確切的結論。我同時意識到，我真正感興趣的是人們對他人正念的感知，而不是狗狗是否具備正念感知能力。所以，我的下一步計畫是把研究對象設定在孩童進行測試，至少他們不會吠個不停。

學年結束時，我們決定在一個男孩夏令營進行這項研究。我們將營隊隊員隨機分為兩組，並讓研究人員以其他營隊的教練身分採訪兩組男孩。第一組採訪者被指示要保持正念，在訪談過程中，他們要仔細觀察孩童在言語及非言語方面的變化；第二組採訪者則被指示要保持非正念狀態，只是假裝對孩童所說的話感興趣。儘管如此，兩組訪談員都被告知，訪談過程應維持積極正向。

訪談結束後，我們透過量表評估隊員的自尊感，並詢問他們對這次營隊的感受。在將隊員進行隨機分配時，我們的假設是：兩組隊員一開始在相關指標上的表現一致，但在實驗結束後會出現顯著差異。結果發現，非正念訪談組孩童的自尊感分數明顯較低，對營隊及訪談者的好感度較差；而對正念訪談組孩童的影響則較為正面，他們不僅自尊感分數較高，對營隊有比較高的好感度、感覺更快樂，而且更可能覺得訪談員喜歡他們。[2]

會感染的正念

如前面提到過的，我們都曾遇過一些明顯比其他人更具魅力的人，他們似乎帶有一種特別吸引人的存在感。在這種現象的背後，是否為正念發揮的作用？為了回答這個問題，我們首先在實驗室中對「正念感染力」進行初步測試。我們請一名參與者進入房間，並安排他幾乎肩並肩的坐在另一名學生身旁。原本就已經坐定的這名學生，其實是我們團隊中的研究助理。我們要求半數研究助理要保持正念，安靜留意房間中有什麼新事物；另外半數研究助理則被要求漫不經心的從一數到一百。

一、兩分鐘後，參與者拿到一張小卡片，上面印有一則熟悉的短句，只是讀起來有點錯誤，例如卡片上寫的是「Mary had a a little lamb」而不是「Mary had a little lamb」。參與者讀完並交回小卡片後，被要求複述剛才讀到的短句，但絕大多數的人都說是「Mary had a little lamb」，並沒有多出來的

「a」；詢問他們卡片上有幾個字，他們多半說「五個」。然而，如果參與者是肩並肩坐在正念者身旁，這時就比較有可能發現那個多出來的「a」。這種注意力測試是一個簡單但有效的正念衡量方式，雖然多數人都會錯過這個熟悉短語中的細微變化，但幾十年前，我們把這張卡片交給剛剛完成冥想的參與者時，他們全都正確讀出卡片上的內容。

在新冠疫情爆發前不久，北京中醫藥大學的張道寧（Daoning Zhang）造訪我的實驗室。她認為這項感染力研究與中國的「氣」概念非常契合，打算回中國後進行重複研究。中國研究人員對於能否透過高頻太赫茲（terahertz）腦波測量「正念感染力」深感興趣。由於實驗室經理尼科爾斯和我對腦波一無所知，所以我們更感興趣的是，他們能否成功複製我們早先的正念注意力研究結果。

當張博士的研究助理測量參與者的腦部活動時，正念組助理被指示以正念有意識的注意參與者的手部細節，例如手上是否有皺紋、長繭或有紅腫等；非正念組助理則只需看著參與者的手。接著，參與者會拿到一張小卡片，並被要求大聲讀出小卡片上印的一句中國諺語。同樣的，每張卡片上都有一個小錯誤，也就是句子裡有一個重複的字。

結果顯示，研究助理的正念確實具有感染力。正如張博士向我報告的那樣，正念組的二十五名參與者中，有二十四名有看到重複的字，同時整體腦波活動也有所增加；而非正念組的七十名參與者中，只有十一名發現錯誤。

當一個人將注意力放在另一個人的手上，就能讓另一個人產生更強大的覺察能力，這聽起來似乎更像是個難以說服人的「邏輯跳躍」（leap of logic）。但對我來說，「正念感染力」的想法已經不再奇怪。我想知道的是，如果這種現象確實存在，那麼這是否能讓我們獲得更大的好處，而不只是能夠覺察多數人忽略的細微錯誤？

對正念的敏感度

如果正念真的能夠「感染」，但每個人在接觸到它時，反應未必都會完全相同。我們之中的某些人，可能比其他人更容易受到正念和非正念之間差異的影響，而這種「正念感染力」可能具有臨床上的意義。

為了驗證情況是否真為如此，我和實驗室夥伴們調查那些透過飲酒麻痺自己的人，了解這種行為是否有某種程度源自於他們對人際線索過度敏感，因而更容易感知他人是否缺乏正念。與缺乏正念者相處是很不舒服的，對敏感的成年人來說，飲酒或許是減輕這種影響的一種方式。

我們的實驗室夥伴約翰・奧爾曼（John Allman）、尼科爾斯和我最先是以間接方式來測試這一點。我們在劍橋戒酒無名會（Alcoholics Anonymous）的公開聚會中，招募到四十名有酗酒問題的人。這個公開聚會歡迎任何對戒酒計畫有興趣的人參加，主持人向所有與會者宣布，我們的研究將在聚會結束後進行，採取完全自願且絕對保密的參與方式。除了來自戒酒無名會的志願者外，我們另外招募四十名沒有酒精濫用史的人做為對照組。

我們邀請這八十名參與者進行這項「人際知覺」（person perception）研究，並請參與者接受我們的研究助理短暫訪談。研究助理會向參與者提出一連串問題，例如：「你今天過得很好還是很糟？」以及「在同儕群體中嘗試改掉壞習慣會帶來哪些好處與壞處？」

半數研究助理被分配到正念組，必須在提問時保持正念，並注意參與者的個人特徵（如眼睛的顏色、可能的社經地位、外貌與行為）。我們告訴這些研究助理：「請記得，每位參與者都是獨一無二的，藉由觀察不同參與者之間的差異，你就能得知關於個人觀點的重要資訊。」

另外半數研究助理被配到非正念組，只要假裝對參與者的回答感興趣即可。我們告訴這些研究助理：「參與者基本上都是差不多的，但請假裝你對所有人的回答都很感興趣。」他們的訪談問題與正念組完全相同，差別只是在對話過程中的投入程度較低。

五分鐘後，無論問完多少個問題，研究助理都要結束訪談。但他們在結束前，都要問參與者最後一個問題：「你是否願意繼續參加我們的研究？」我們的假設是：接受非正念者訪談的人，同意繼續參加的意願較低，結果證明，我們的假設是對的。

當別人表現出漫不經心的態度，對所有人都會有影響，但有些人受影響的程度會明顯更大。如果提問者看起來漫不經心，又對回答並非真的感興趣，相較於無酒精濫用史的人，來自戒酒無名會的參與者傾向於不願意繼續參與研究。這個結果顯示，酗酒者對周遭他人非正念的敏感度更高。

目前，我們還不清楚酗酒與這種敏感度之間的關係，也無法確定這種敏感度是受到先天遺傳還是後天學習所影響，但我關心的是這種敏感度的另一個面向：酗酒者是否更容易被其他非正念者所影響？於是，我們繼續針對這個問題進行研究。我們想確定：與一個非正念的實驗者互動，是否會讓人更想喝酒。

這一次，我們從哈佛社區和大波士頓地區招募六十名成年人。我們告訴參與者，這項研究是要評估情緒對品酒的影響，並要求他們在實驗前一小時內不要喝任何東西。

接著，我們招募一群人扮演成我們的研究者。這些人不知道我們的假設，並隨機分配至正念組與非正念組。我們給予正念組實驗者詳細的指示，告訴他們如何將參與者視為獨特個體來對待，必須留意他們的衣著、頭髮、身高等，以及最重要的，關注他們在參與過程中的變化；對於非正念組的實驗者，我們則指示他們要保持微笑、親切對待參與者，並且按照腳本行事。

我們在進行研究前，利用兩種方式對參與者進行測量。首先我們使用蘭格正念量表評估他們的正念程度，並請他們填寫世界衛生組織的「酒精使用疾患確認檢測」（Alcohol Use Disorder Identification），來了解他們過去的酒精飲用情況。填寫完成後，參與者會接受正念或非正念實驗者的訪談，內容包括對這項品酒任務的心情與態度等一般性問題，整個腳本類似於上述的戒酒無名會研究。

訪談結束後，我們告訴參與者，他們將參加一個品酒實驗。根據研究者的指示，他們可以愛喝多少酒就喝多少酒，喝完後，則會要求他們完成一份品酒調查。雖然我們感興趣的是酒的消耗量，但對參與者而言，這就是一項品酒調查：我們要求他們以一到十的分數，對喝過的酒進行評分，並估計每一瓶酒的價格。我們還要求他們列出自己所品嚐到的風味或口感清單。

結果再次證實我們的假設，當參與者與正念者互動時，飲酒量只有一半。面對非正念實驗者的那組人，平均喝下四盎司的酒；面對正念實驗者的那組人，則只喝下兩盎司酒。在這種參與者關注於自己將如何被評估的情境下，兩組的差異值得我們思考。

我提出上述這些結果，並不是要說飲酒比不飲酒更缺乏正念或更具有正念，而是要說明酒精濫用是逃避現實的一種方式，而當我們的正念程度愈高，就愈不會感覺自己需要逃避。總結來說，實驗結果顯示：**正念是具有感染力**

的；與正念者互動能增加我們的正念。

成年人的正念對自閉症兒童的影響

之後，我將「正念感染力」的探究繼續延伸到有關自閉症兒童的研究上。我想知道，自閉症兒童是否也像重度酗酒者一樣，對於他人的正念或非正念具有較高的敏感度。換句話說，大多數人在大部分時候都處於非正念狀態，而非正念在人際關係中會讓人感到不舒服。因此，我們是否可以用「對他人非正念的過度敏感」，來解釋自閉症者所面臨的人際挑戰？我並不是要研究這種過度敏感傾向是由自閉症所導致，還是由諸多因素所共同影響。我只是單純想知道，對於正念與非正念的敏感度與自閉症之間是否有所關聯。

我和博士後研究員帕格尼尼、菲利普斯與一個義大利研究團隊合作，在一個義大利社區進行研究，我們讓自閉症兒童與正念或非正念的成年人互動，並觀察他們的行為。我們招募八名評估標準相當的自閉症兒童，以及六名助理加入研究。我們將這些兒童隨機配對，一些孩子與正念程度較高的成年人互動，其餘則與正念程度較低的成年人一起。在三十分鐘的互動中，我們讓每個孩子和成年實驗者玩三個遊戲，並將整個過程完整錄影，交由獨立評分員對影像中的語言和非語言互動行為進行編碼。

我們要求低正念組的成年人，要假裝對孩子正在做的事情感到興趣，並且對孩子說的所有話都必須保持正面態度，除此之外，並未提供有關如何互動的任何其他指示。高正念組的成年人則收到完全相同的要求，但我們額外指示他們要關注孩子的行為變化，以及是否有出現新的情緒表現。換句話說，我們要求高正念組觀察孩子的肢體語言、聲調，以及在相處過程中的整體變化，以了解他們的內在狀態，就像可以透過研究一幅畫來逐漸理解畫家的內在狀態那樣。

當這些孩子與高正念的成年人互動時，表現出更多的「有趣行為」；他們與實驗者互動更多，迴避行為更少；他們的合作行為增加，刻板化行為減少。**成年人的正念似乎能夠讓孩子變得更為正念（這意味著正念的感染力），並讓他們更積極投入人際互動**。

過去，研究自閉症的科學家們往往很快就做出結論，認為自閉症兒童很難「讀懂」成年人非語言行為背後的情緒。那些研究多數是透過觀察他人眼睛中獲得的訊息來做判斷，例如當我們為某人所吸引時，瞳孔就會放大。然而，近年的研究發現，人們普遍低估自閉症兒童的情緒解讀能力，若將全身姿態訊息都列入考慮，他們其實相當擅長解讀他人的身體語言。我們在義大利的研究也顯示，這些孩子或許同樣很擅長解讀我們的心理狀態。

我認為還有一個值得探討的問題，那就是許多成年人與自閉症兒童在互動時遇到的某些問題，癥結可能出在成年人，而非兒童。這些成年人可能很難「讀懂」自閉症孩子所表現出來的情緒線索，或是基於自身偏見而沒能嘗試解讀。如果成年人能夠增進自己的正念程度，就有可能對於這些線索更具敏感度，更能促進與孩子之間的良好互動。

正念感染力與健康

四十多年前的研究顯示，正念對我們的健康有益；關於正念感染力的研究則顯示，一個人的正念可能會提升另一個人的正念。因此，我認為可以合理推論：生活周遭與我們互動的人，可能對我們的健康產生正面影響。

例如，在瑞士進行的一項研究中，博士後研究員奇亞拉·哈勒（Chiara Haller）和我針對一百七十六名嚴重創傷性腦損傷患者及其主要照顧者進行研究。我們發現，照顧者的正念程度與患者功能表現之間存在相關性。[3] 其中一種可能的解釋是：正念程度較高的照顧者，更有可能注意到照顧對象在症狀及反應上的變化。我懷疑「正念感染力」也可能發揮一定的作用，照顧者的正念可能會提升照顧對象的正念。

這些研究對於長期照料慢性疾病或高齡記憶障礙者的照顧者健康來說，也別具意義。我相信照顧者的健康問題，部分與盲目接受「被照顧者症狀只會不斷惡化」等僵化觀點所帶來的壓力有關，導致他們陷入負面心態，不斷努力付出，直到感覺自己彷彿被掏空。然而，**當照顧者開始留意被照顧者症狀的細微變化時**，就會發生以下幾個現象：他們會變得更具正念，正如我們先前看到的，這對他們的健康很有助益；當照顧者變得更投入、更樂觀，面對照護工作時似乎會感覺輕鬆一些，也能改善他們的倦怠感。

這些研究也能幫助患有認知障礙的患者。想像一下，你正在照顧一個患有嚴重記憶障礙的人。他問你一個問題，你回答了，過沒多久，他又再次問你，你又再次回答。隨著一次又一次的重複對話，你的挫折感會不斷累積，要記住他們的忘記並非故意，其實並不容易。然而，當照顧者意識到自己所愛的人不太可能忘掉一切時，而試著去探究「為什麼忘記的是這件事，而不是另一件事」，這時，新的可能性就出現了，探索這類細緻問題的答案，對於照顧者與被照顧者都有好處。

這種思維方式與其他障礙類型也有關。以閱讀障礙為例，如果閱讀障礙者意識到自己並非總是會看錯字母或單字，試著弄清楚容易看錯的情況及原因，例如：為什麼這個單字在這個情境中會有問題，但在其他情境中卻沒有問題？就可以讓原本強烈的挫折感，轉變為有趣的解謎任務。

負面心態會讓我們只關注負面的事物，因而忽略其實多數內容閱讀者都可以正確的讀出來。當我們意識到錯誤發生的頻率其實並不高，就比較不會因此去責怪自己或他人。比起只關注「有些事情做錯了」，把焦點放在「大部分事情都做對了」，感覺上就會好得多。這意味著當我們從概括性思考（「所有」、「一切」、「總是如此」）轉向具體實例（「某些單字」、「有的時候」），將能更容易發現解決之道。

探索我們的感官

失明者比我們這些視力正常的人擁有更敏銳、更細膩的聽覺；至於失聰者，視覺對他們更為重要，因此不僅更能強化視力，周邊視野甚至也比一般人更大一些。在我看來，與其用常態來評估我們能做什麼、不能做什麼，倒不如探究在特定領域表現特別出色的人，看看我們能否從中學到什麼。

關鍵在於，如果有人能做到，理論上其他人也能做到，儘管速度上可能會慢一些。也就是說，我們不該將愛因斯坦與莫札特這樣的人（或是失明者與失聰者）看作是異類，而是要將他們的存在，視為人類有更寬廣的可能性，而非將其視為又一個不可能。

人們可能會問，為什麼失聰者的視力能夠有所強化，但我們的聽力卻不會隨著視力退化而獲得改善？我的答案是：那是因為我們對老化抱有強烈的負面心態，這種心態會讓我們相信，我們的感官必然會隨年齡增長而不斷退化。相反的，對失明者與失聰者來說，他們並沒有抱持這樣的負面心態，不斷告訴自己聽力或視力絕對不可能獲得提升。

最具破壞性的心態之一，是預期記憶力必然隨年齡增長而變差。事實上，並非所有人的記憶力都會退步，對沒有抱持這種心態的人來說更是如此。這是耶魯大學心理學教授貝卡．利維（Becca Levy）在哈佛當我的研究生時，和我一起獲得的研究發現。[4]我們的研究參與者包括抱持這種年齡偏見的人，以及不覺得記憶力會隨年齡增長而變差的人。我們的假設是：抱持「記憶力必然會隨年齡增長而變差」的信念，會導致記憶力真的變差。

我們還找到一些年長及年輕的中國人，因為中國人通常比美國人更尊敬長者，因此相對來說，有可能不太會相信記憶力必然會隨年齡增長而變差。我們還認為，失聰者不太會接受這種負面心態，畢竟他們在由聽力正常者主導的世界中，已經有足夠多的問題要應對，所以我們的研究對象也包括一些年輕和年長的失聰者。

結果發現，在聽力正常的美國人中，年輕人在記憶測試上的表現優於年長者，這反映出多數美國人認為，記憶衰退是老化帶來的必然後果。但這個結果在失聰者與中國人身上卻不成立，在這些群體中，年長者的記憶力表現和年輕人一樣好。

目前已有確切的證據顯示，經過訓練的狗狗能夠聞出一個人是否患有癌症。海瑟．瓊凱拉（Heather Junqueira）和研究夥伴訓練四隻米格魯，讓牠們分辨健康者和肺癌患者的血液樣本。其中一隻狗狗明顯對這項重要研究毫無興趣，但其他三隻狗狗能正確識別肺癌患者的準確率高達九七％。[5]那麼，我們也能夠透過訓練，將自身的嗅覺能力提高到類似的程度嗎？如果可以的話，或許我們就能更早發現自己或他人的癌症，從而挽救許多寶貴生命。

或許有些人會說，狗、鴿子、螞蟻、鱷魚的生物學特性顯然與人類不同，因此動物擁有人類永遠無法企及的敏銳感知能力。對此我想說的是，或許是，但也或許並非如此。如果一個人能夠舉起一百五十磅的東西，不意味著他需要用全部肌力來舉起五十磅的東西。狗狗鼻子裡的嗅覺受器數量是人類的五倍，但並不表示它們必須用到三億個受器才能嗅出癌細胞。據說狗狗控制不住它們的好奇心，所以容易被新氣味吸引，而人類則傾向被熟悉氣味吸引，但這並不表示我們不能學會保持專注，並且留意到周遭的陌生氣味。

於是我和實驗室夥伴開始計畫，測試能否提高人們的嗅覺能力，如果可以，他們能否嗅出某人是否患有癌症？這個假設或許就不像最初聽起來那麼極端。完成研究設計後，我無意間讀到一篇文章，文中介紹一個名為喬．米兒恩（Joy Milne）的人，她能嗅出帕金森氏症。在一項研究中，她能正確辨識T恤的主人是否患有帕金森氏症。過程中，她僅僅出現一次「錯誤」，將一個健康的人辨識為帕金森氏症，但幾個月後，當時那個人被診斷出確實患有帕金森氏症。[6]癌症和帕金森氏症顯然是不同疾病，但人類能夠嗅出疾病的想法有可能成真。

目前這項研究才開始進行不久，所以還需要一段時間才能看到結果，了解能否透過訓練，將人類的嗅覺能力提高到足以檢測疾病的程度。未來，我們計畫邀請癌症患者及其配偶（作為對照樣本）穿著我們提供的T恤睡覺，隔天早上再將衣服分別放入密封袋中交還給我們。然後，我們將測試參與者的嗅覺能否透過練習而得到強化，讓他們能夠不憑運氣，識別出哪些是癌症患者穿過的衣服。即使他們最終無法達成任務，不一定代表研究假設是錯誤的，也有可能是需要更多或不同的訓練。

重新思考失敗

活在一個充滿無限可能性的世界，意味著所謂的「挑戰」將是家常便飯，因為我們正在嘗試一些對自己或社會而言從來沒有做過的事。但如果你開始行動，就會發現那些不常見、不被社會鼓勵，或者有不成文規定禁止人們去做的事，其實並沒有你當初以為的那麼具挑戰性。

對許多人來說，「挑戰」一詞總讓人聯想到痛苦及失敗的可能性。但我們應該反過來問問自己：「在撐過來之後，成功是什麼樣的滋味？」然後再問自己：「所以，現在你打算怎麼做？」我總喜歡以高爾夫這項充滿挑戰的運動為例。如果我們每次揮杆都能一桿進洞，這場比賽就會變得毫無樂趣可言。我們可以選擇結果不盡完美但過程專注的完成任務，或者選擇結果完美但過程不專注的去打球，但當我們不專注的打球時，整個過程將是空洞的。因此，**失敗應該被理解為不完整的成功，只要你不放棄，便不存在所謂的失敗**。

很多年前，一個新聞節目要報導我第一次對年長者進行的研究。我建議他們先以詢問觀眾「是否喜歡生活中沒有挑戰、什麼事都有人幫我們預先做好」

的畫面，然後將鏡頭轉到安養中心，可惜他們後來沒有採納我的建議。早在那個時候，我就已經主張應該讓安養中心的活動安排多一點挑戰性，而不是營造一個鼓勵人們完全不用費心的環境。

幾年前，我們養的救援犬佩索偷吃掉放在客廳招待客人的食物。牠通常都很規矩、很溫和，但那天晚上它表現得就像……「一隻狗」。我們馬上斥責牠，我的伴侶並主張應該把牠送去狗狗訓練學校。

如果你問我們，是否期望佩索一定要表現完美，我們馬上會回答：「當然不是。也許希望牠做到九〇%，但絕不是百分之百。」然而，我們就像其他人一樣，很少會將他人的錯誤行為視為那一〇%，而是直接將其視為失敗。

我們對待年長者的態度也是如此。如果看到父母或祖父母站在門前，笨手笨腳的在袋子裡摸索鑰匙，我們可能會馬上掏出自己的鑰匙打開門，彷彿自己從來不曾發生類似情況。如果看到他們跌倒了，我們不僅會急忙伸出援手（這可能是件好事），並且把這件事記下來，以確保下次不會再發生（這可能是件壞事）。如果長輩忘記我們認為應該要記住的事情，我們經常會急忙尋找他們失智的跡象，並把之後每一個微不足道的遺忘都當成證據。

如果我們把寵物關進籠子，或讓老年人處於半昏迷狀態，就可以確保不會發生不良行為，不再有失敗、失足或失憶。然而，不論美女或野獸，只要活著就意味無法完美，無論現在的你身處在哪一個年齡層，每個人都應該擁抱挑戰與不確定性。

還記得我們還小的時候，伸手按電梯按鈕是一個挑戰嗎？現在我們長大、變高了，按到按鈕還會讓我們感到欣喜嗎？我們曾經熱愛圈叉遊戲，直到學會每次都能贏或平手的勝利公式，從此就不再覺得這個遊戲有趣。試想，如果打高爾夫球每次都能一桿進洞，那麼比賽不就無法進行下去？

如果真的那麼想在遊戲中永遠都是贏家，我們大可以去跟孩子們玩。但實際上，我們往往更喜歡挑戰，而不是保證永遠成功，因為過程中的辛苦掙扎才是趣味所在。

面對挑戰可能讓我們感到無所適從，但是我們可以一小步、一小步來設法應對，畢竟，不是只有巨大種子才能長成參天大樹。在我第一次對年長者進行的研究中，我們發現僅僅是給安養中心住民一些小小的、平凡的選擇，就能延長他們的壽命。[7]

在我早期的一項研究中，我們要求安養中心住民嘗試記住護理師姓名等生活所需資訊，完成記憶任務就可以獲得代幣，透過這種不會讓人感到挫敗的方式，就能提升年長者的記憶能力。即使人們普遍抱持「記憶力必定會隨年齡增長而不斷退化」的迷思，但隨著每週任務難度的漸進提升，參與者們的記憶力確實獲得顯著改善。[8]

這四十多年來，我們在一項項研究中一再證實，**只要將我們的想法與期待做出小小的改變，就能開始撼動一些根深柢固的行為，不再任憑它們剝奪我們的健康、能力、樂觀與生命力**。

當愈來愈多人開始欣賞並善用不確定性的力量，正念烏托邦與我們之間的距離，可能比許多人想像得更近。一旦我們意識到限制我們的不過是過去做出的決定，就沒什麼可以阻止我們重新設計世界。讓我們將關注焦點返回當下經歷的一切，設法改善現況，而不是繼續非正念的用昨天來決定今天和明天。當我們開始這樣做，過去被視為「不可能」的事就會變成「為什麼不可能」的事。面對人生中看似無法改變的事物時，請問問自己：為什麼不可能？

空氣中的某種東西

置身在有大批人群聚集的地方，是否較容易讓人產生正念？或許你也曾體驗過這種神奇的感受，例如在景觀優美的自然環境、聆賞美妙音樂的音樂廳，或是在神聖的空間場域裡，我們往往會在這些環境中慢下腳步，靜靜領略眼前的美麗或感受當下的莊嚴。這是否意味著，我們之所以會變得更具正念，純粹是受到外在情境的影響，或者，正念是源自於我們預期到將發生某些重要的事物，因而會對其格外留意？

要測試人們是否擁有這樣的體驗，以及是在何種情境下感受到這樣的體驗，這類問題並不困難，我們只需要直接詢問當事人就可以。但如果是涉及情境問題，那麼想要測試及解釋這些體驗，可就沒那麼簡單。以當前科學的理解，還沒有令人滿意的機制可用來解釋可能縈繞在物理環境中的某種感覺，至少截至目前為止，這仍然是個不太多人探究、但相當重要的研究領域。

當我的實驗室成員克萊頓．麥克林托克（Clayton McClintock）還是哈佛大學學生時，我們曾朝著這個方向邁出大膽的一步，進行一項後來被我們稱為

「空氣中的某種東西」（Something in the Air）的研究。基本上，我們是觀察處在冥想者剛冥想完的房間進行測試的參與者，是否會比在沒進行冥想的房間進行同樣測試的參與者表現更好；也就是說，我們想知道「空氣中的某種東西」是否會影響他們的表現？

實驗在一間小教室進行，裡面有張舒適、可容納十二人圍坐的會議桌。參與者被分為三組，並讓所有人在實驗前接受簡單的認知測試。接著，我們把實驗組參與者帶進一個空房間，冥想者們剛剛在這裡一起進行內觀式冥想（這種冥想方式，是對自己意識中出現的念頭與感覺保持覺知，但不專注於這些念頭與感覺）。冥想進行大約四十五分鐘後，研究人員給他們一個信號，他們就默默離開教室和建築物，裡頭的桌椅和其他家具都維持原狀，房間的溫度保持恆定。

對照組則有兩組，其中一組進入的房間之前坐的不是冥想者，而是一群觀看影片的人。他們觀看的影片會引發壓力情緒，內容包括海嘯、腎臟手術，以及極具衝擊性的交通事故畫面。觀看影片大約四十五分鐘後，他們同樣收到研究人員的信號，然後默默離開教室和建築物。桌椅和其他家具同樣維持原狀，溫度也同樣保持恆定。而最後一個對照組，房間在參與者進入前四十五分鐘一直都是空著的。

當冥想者在冥想、觀看影片者在觀看影片的同時，六十八名參與者以小組形式被安排在其他地方，並被要求填寫一份問卷。研究人員告訴參與者，他們將會參觀大樓中的一個房間，但沒有描述房間的具體情況。在前往房間之前，參與者被告知途中要保持安靜，並在到達後留意對房間的印象。接著，研究人員分別帶領八到十二名參與者穿越大廳、進入教室。無論是參與者或陪同的研究人員，都不知道這個房間之前是否被使用過。

參與者一坐下，研究人員就要求他們以十一點量表回答兩個問題：「你覺得這個房間多有吸引力？」（〇代表「非常沒有吸引力」，十代表「非常有吸引力」）與「你覺得這個房間多有活力？」（〇代表「非常沒有活力」，十代表「非常有活力」）。我們還用平板電腦上的應用程式測量反應時間，參與者只要看到平板螢幕上的圓圈亮起來，就要馬上點擊。每點擊十次，程式就會記錄已經過的時間，以幾乎接近十萬分之一秒的精準度，測量參與者注意到圓圈亮起來的速度。

結果顯示，與進入先前無人使用房間的參與者相比，進入剛剛有人觀看影片或冥想房間的參與者感覺房間更有活力和吸引力。這個研究結果支持有人待過的房間會存在「某種東西」的想法。若非如此，三組人對房間的感受應該會彼此一致。

更重要的是，在點擊測試的反應時間上存在顯著差異。測試反應時間或許是對正念最清楚不過的衡量標準。注意到變異性，是我們研究的正念核心，正念程度愈高，你就能愈快覺察到差異，反應時間也就愈快。進入冥想者剛完成冥想房間的人，比進入有人看過影片的房間及沒有被使用過房間的人，對平板螢幕上顏色的變化反應速度更快。後兩組人之間則沒有顯著差異。

這些神祕的結果顯示，我們的正念以某種方式殘留於空氣之中，並因此可以影響到他人的正念。在尚未出現後續研究的情況下，這樣的結果仍然能夠揭示出某種可能性：研究中的種種跡象顯示，人們似乎確實被「空氣中的某種東西」所影響。我相信未來的先進技術或許最終能夠揭曉這個答案，就像在過去，預測胎兒性別必須依賴母親直覺，自從有了超音波後，性別就變得昭然若揭。但母親的直覺真的不具預測性嗎？這種直覺可能是一種身體的感覺，我相信每一個內在行為都會伴隨著一個外在表徵，無論是氣味、汗水或散發出的能力。

無法完整解釋，並不意味著某件事並不可能或可靠的發生。「空氣中的某種東西」研究暗示一種因果關係的存在，即使我們現在還沒有能力去加以描述和理解。就如同目前無法確定安慰劑是如何起作用的，但我們依舊接受它們的力量。我對於超自然現象的存在，既不相信也不否定。我無法解釋某些事情，但並不會讓我傾向不相信這些事情。我知道打開電視，某個在紐約的人會出現在我家；打開視訊軟體與學生和同事連線，他們就會出現在我的電腦上，我並不太了解這些事情，但我還是接受它們。

我們對於常見事物的解釋，也往往同樣不夠完整，例如當一個人說：「我吃東西，是因為我餓了。」你可以了解、檢視並對於內在歷程命名，但要先弄清楚這樣做的意義究竟為何？我們通常會透過改變分析層次來界定事物，要不是像神經科學的解釋那樣降低分析層次，就是像社會學或哲學理解行為時那樣提高解釋層次，但我不認為這樣做，就能讓我們更接近真正的理解，畢竟，沒有哪一種解釋是完全完整的。

對已知的未知（known unknowns）保持覺察，可以幫助我們對未知的未知（unknown unknowns）抱持開放態度。**視不尋常現象為「不確定」而非「不可能」，就能讓今天的「不可能」成為明天的「理所當然」**。對可能性抱持開放態度完全不需要付出任何代價，但如果我們因為無法解釋而否定特殊經驗，就很可能錯失發現真相的良機。

第 10 章

為什麼不可能？

生理學與它們徹底切割，正統心理學對它們置之不理，醫學把它們排除在外（頂多視為傳聞軼事，或是將其中一些現象標注為「因想像而導致」）……無論你從哪裡開始翻閱這本書，都會看到一些被以「占卜」、「感應」、「附身」、「幻象」、「恍惚」、「狂喜」、「奇蹟治癒」等名稱記載的事情，以及奇特個體對周遭人與事所帶來的神祕力量。

——威廉．詹姆斯（Wiliam James）

威廉．詹姆斯是美國心理學之父，我度過大部分學術生涯的那棟建築物，就是以他的名字命名，他相信科學家放棄探究看似不尋常的現象，因而辜負我們所有人。他認為科學家預先判斷「可能」或「不可能」的傾向是種錯誤，因此，他終其一生都對所有可能性抱持開放態度。[1]我完全認同他的觀點，而且我相信促成改變的真正關鍵，就在於能夠意識到：確定性會框限我們的自由意志。

目前已經有很多研究在探討盲目服從權威的現象，但它們通常是針對體制性權威，而不是我們生活中更加普遍的現象；甚至，我們可能從沒想過要對規則或規則制定者的合法性提出質疑。

想像一下，你在申請大學時被要求以「我的英雄」為題寫篇文章。但你心目中根本沒有英雄，或是你的英雄不只一位，這時你會怎麼做？我猜多數人會隨便編造出一位英雄，或是從眾多名人中選一位來寫，也許是愛蓮娜．羅斯福（Eleanor Roosevelt）、德蕾莎修女（Mother Teresa）或亞伯拉罕．林肯（Abraham Lincoln）。更理想的主題可能是談談我們為何一時之間想不到任何英雄，或是為什麼無法只選一位英雄，但這些替代方案很少會出現在人們的腦海中，大多數學生只是單純想完成這篇文章。

同樣的，我們從小被教導誰才值得我們尊敬，並經常盲目的接受既定標準，而不去探索對我們來說，什麼才是真正具有意義的事物。我們傾向於接受問題中所預設的前提，從這個角度來看，所有問題其實都是「誘導性」問題，尤其是當這些問題涉及我們能否加入某個群體（例如工作面試或入學申請），或是身處於一些明顯存在權力不對等的環境時（例如醫院）。

當一切都確定，就沒有選擇的餘地

我們先來探討醫院裡的權力不對等。當一名醫師要求護理師去做護理師認為是錯誤的事情時，將會發生什麼事？可以想像對護理師來說，要質疑醫院裡地位較高的人並非易事；此外，若遵循一向以來的服從慣性做事，有時根本會讓我們忘記有質疑的必要。同樣的道理，當醫師開出處方，你卻發現自己對藥物有輕微的過敏反應，你會請醫師幫你換個處方？還是會按照醫囑，繼續每天兩次在用餐時服藥？

請試著想像一下，當一個醫師告訴你，腿傷可能得花上六到八個星期才能復原，你是否想過，可能只用一半的時間就能好轉？再想像一下，如果醫師告訴我們的不是人們預期的平均復原時間，而是可能復原的最快時間，猜猜看會發生什麼事？我們有沒有可能會更快復原？我認為答案是肯定的。記得我摔斷腳踝時，有人告訴我以後走路恐怕會跛腳；幸運的是，我完全沒把這句話放在心上。現在，無論我在網球場上打出最後一球或打漏一球，沒有人覺得我有跛腳的樣子。

盲目從眾是我們放棄自由意志的眾多表現之一。社會心理學中的「艾許從眾實驗」（Asch conformity experiment）就是一個知名的例子。[2]實驗者先讓參與者看三條不同長度的線段，接著展示另一條線段，並請他們指出與剛才看到的三條線段相比，哪一條跟它等長。在參與者不知情的情況下，研究者刻意安排助手在參與者回答前給出明顯錯誤的答案，但參與者通常會跟著給出同樣的答案，而沒有指出那是錯誤的。

我們在生活中也經常會看到類似的事情。例如你的兩個朋友拒絕接種新冠疫苗，雖然你認為打疫苗應該是件好事，但你卻開始有些猶豫，反覆考慮是否要去接種。如果情況反過來，你沒有意願接種疫苗，但你的兩個好友都接種了，那麼你可能也會開始動搖。我們就像艾許實驗中的參與者，儘管明明看出線段長度不同，卻還是跟著別人做出錯誤的回答，我們實在太容易從眾了。

接受凡事都是確定的，是我們不必要的限制自由意志最明顯的例子。一旦我們認為自己已經知道某件事，就不會再去考慮其他更好的選擇，有句話說得好：「人們經常犯錯，但很少去懷疑。」當我們對一切深信不疑，等於剝奪自己選擇的自由。

我們生活在一個由科學原則支配的世界。然而，我們現在可以測量周圍世界的精準度，只有在我們有意識的分析周圍世界時才能真正發揮作用。無論我們多麼努力的試圖賦予這些測量工具客觀性，仍然會受限於情境脈絡的限制並帶有主觀性。當我們把精準度與確定性混為一談時，科學就變成盲目的了。科學證據只能產生可能性，但我們卻經常不假思索的接受這種可能性，並且把它們變成絕對不變的真理，使得我們很難回過頭來質疑一些基本假設。

失智症可能是對制式化環境的正面回應

在多年以前，當人們對失智症的了解還相當有限時，我就已經進行過相關研究。我的想法是：當時所謂的「老年痴呆」，很可能是對制式化環境的正念回應。是的，你沒有看錯，我認為「老年痴呆」可能是一種優勢。也就是說，年長者出現的一些怪異言語和行為，是試圖讓自己從一成不變的生活模式中解脫出來。

看到這裡，你也許會想問：「過著如機器人般的生活」和「充滿怪異言語和行為」，到底哪個比較好？我的想法是，「老年痴呆」確實會造成長者社會適應上的問題，也會讓周遭的人感到不適，但我們可以把這些長者的行為，視為活在當下的正念表現。正如研究已經證實的，正念可以延年益壽，因此，從生物演化的角度來看這些看似瘋狂的想法及行為，也可能是有利的。**如果被診斷為失智的長者，其實是以一種新的眼光看待世界的人，那麼他們是否可能因此變得更長壽？**

為了進一步驗證這個想法，多年前，我與當時的學生佩兒・貝克（Pearl

Beck）和心理學家朗妮・杰諾夫－布曼（Ronnie Janoff-Bulman）及克里斯汀・提柯（Christine Timko）進行一項研究，研究對象包括心臟病患者、老年失智症患者，以及沒有失智的人。[3]我們發現，被貼上「老年痴呆」標籤者的壽命明顯比心臟病患者的壽命更長。

當時是一九八四年，我們將研究論文提交給一本重要的科學學術期刊，結果被斷然拒絕。拒絕理由相當明確：「本期刊不發表正在進行中的研究。」就是說，他們只願意發表運用大量數據並提出確定性結果的論文。由於過去沒有任何研究顯示老年失智具有正面的積極性意義，所以期刊編輯假定失智不可能對健康帶來任何好處，因此我們的研究成果只能算是「進行中」，而不是具有「確定性」的研究。

即使過了這麼多年，我還是完全無法認同那位期刊編輯的回應。科學領域中的一切都仍在「進行中」，永遠不會出現一個完全確定的最終答案。直到今天，我們仍在努力學習新的知識，希望能夠更深入了解「正念之身」。至於那篇論文，最終還是順利被刊登於《學術心理學集刊》（*Academic Psychology Bulletin*）。

「無法控制」與「無法確定」的差異

許多疾病被貼上「慢性疾病」的標籤，而慢性疾病一般被人認為是很難醫治的病，既然很難醫治，那麼試圖去治好它便顯得很愚蠢。然而，沒有科學可以證明某種病是「不可醫治」的，科學能證明的，只是在「那個時候」的「那個人」身上所嘗試的治療方法沒有效而已；也就是說，我們無法確定某種疾病能否被醫治，而「無法確定」和「無法控制」是完全不同的。

此外，通常靠自癒力恢復健康的人不會被列入醫學實驗，而如前所述，這些人有可能是在根本不知道有病的情況下恢復健康。在許多實驗中，研究人員必須藉由研究數據做出判斷，然而在不知道參與者是誰、測試時間及真實情況、有多少獨立變數等無法掌握數據的情況下，有關「不可能性」的研究結果自然遠比「可能性」的研究結果更容易確定及普遍化。這也是我之所以將研究設計聚焦在「發現什麼是可能」的，而不是去「排除什麼是不可能」的原因，大多數時候，我們尋找的是什麼是可能存在的，而不是什麼是已經存在的。

人們往往有尋求確定性的傾向，會在不知不覺中接受現狀，然後就不再留意細微的變化。我們總是會戴上眼鏡，好讓自己看得更清楚，卻不去思索不戴眼鏡也有可能看得清楚。就像當我們去找心理師諮商，心理師為我們提供一種看待事情的新方式，於是我們緊緊抓著這種理解方式，卻沒有意識到還有許多可能的替代方案。也就是說，一旦我們認為自己知道了，就不再去質疑；一旦我們不再質疑，也就等於放棄做選擇。但事實上，我們的經驗每分每秒都在變化，而且一件事從不同的角度來看，也會變得不一樣，我們卻不知不覺放棄了我們甚至連想都沒想過的好處。

不斷尋求確定性，可能會為我們帶來各種負面的影響，例如一味接受現狀，可能會限制人們尋求創新。或許我們並非生活在一個完全是非正念的世界中，但我們處在非正念的時間，可能比大多數人意識到的更多。

那麼，當我們學習用正念生活在一個烏托邦中，可能會發生哪些改變？我認為最重要的改變是，身心一體意味著我們不必成為情緒的奴隸、對許多事物上癮的受害者，也不會受控於環境中的刺激或暗示，我們會成為自己命運的主宰。就這層意義來說，掌握健康的祕訣也許僅有一念之遙。

在一個正念烏托邦中，我們將不再處處挑剔別人，我們會知道，從行為者的角度來看，每個行為都有其道理。當我們過往因別人的評頭論足而感到的不適感消失了，就會更願意嘗試新事物，而不需要去擔心自己「應該做什麼」或一直關注別人正在做什麼。我們的壓力會大幅減輕，而壓力減輕意味著健康狀態更好。

或許我們值得花點時間思考一下，如果不再被資源匱乏的擔憂所支配，我們的生活會是什麼樣子？當我們生活在一個資源豐饒的世界，社會比較、預測和決策都將變得不再重要，規則也不再是有意義的約束力量。如果你總能得到自己想要的一切，不論做什麼決定都無關緊要；如果做什麼決定都無關緊要，自然也不再有預測的必要。我們進行社會比較是為了看誰更值得獲得有限的資源，所以在這個豐饒的世界中，這些比較也將不復存在。隨著對匱乏的憂慮消失，嚴格的規則也將成為過往雲煙。社會為了維持秩序而訂立規則，人們打破規則通常是為了得到自己想要的東西，一旦大家都能得到想要的東西，違規行為就會變得不再必要。

最重要的匱乏資源是醫療照護。而正如我們所見，當人的健康很大程度上是受個人心理所支配，那麼這意味著良好的健康狀態，每個人都能做得到。

雖然我們常常把烏托邦與完美聯結在一起，但要創造一個正念烏托邦，我們必須在某種程度上拋棄靜態的完美概念。用「對不確定的期望」取代完美，或許會是更好的方案。我們仍然鼓勵對未來抱持期望，但我們將擁有隨時調整和改變期望的自由，以因應當前的實際情況。所謂「完美」，將是指對不確定性的全然接納。

正念學校與正念企業

想想我們的學校。為什麼人們總認為學習必然是乏味、艱難、少有樂趣呢？根據我們的研究發現，以正念來學習能為學生帶來動力與趣味，透過將學科知識遊戲化等方式，甚至只是單純教導如何運用正念來學習，就能讓「死記硬背」這種在學習過程中會造成學生過度壓力的健康隱患消失。此外，在提倡正念學習的學校中，並沒有所謂的贏家和輸家之分，這樣的教育觀同樣能大幅降低學生的壓力。與其聚焦在「如何做」的具體細節，遠不如著重在「應該做」的信念來得重要。

那麼在商業環境中呢？在商業世界中，人們經常毫不質疑的假設：不論你想讓人完成什麼，必須先告訴他們該怎麼做；但相反的，在我和我的學生諾亞．艾森克拉夫特（Noah Eisenkraft）及樂團指揮提摩西．羅素（Timothy Russell）所做的研究中，卻發現情況並非總是如此。[4]

實驗中，我們指導一些樂團（儘管它們從最嚴格的定義來看不算是商業機構）如何正念演奏，要求每一次演奏都要做出小小的創新。做為對照，我們要求其他樂團重複過去習慣的演奏方式，我們稱之為非正念演奏。我們錄下這些演出，並將錄音播放給不知道研究內容的人聆聽。結果顯示，人們明顯偏好正念的演奏。

當我將研究結果寫成論文、準備發表的過程中，我突然想到，這些發現也能為領導者提供一些新的建議。當樂團中的每個人都處於正念狀態，專注的投入自身演奏，並主動關注音樂中出現的新事物時，就能帶來更協調、更優異的表現。那麼，身為領導者最重要的工作，或許就像指揮家或教師一樣，重點在於鼓勵被指揮或被教導的人保持正念。

同樣的，若能鬆綁人們對於職缺任用資格的傳統觀念，就可能開啟許多令人興奮的可能性。例如，從某種意義上來看，其實很少有人擁有某種工作所需的完整經驗：教師所接受的師資培訓，所根據的可能是過去而非未來的教育目標；即使是過去曾經營過跨國企業的執行長，眼前所面對的也可能是一家與之前截然不同的新公司。因此，如果你想要徵聘新進教師或員工，並希望組織獲得更大的成功，那麼身為領導者的你，應該專注思索及調整不同的工作任務，而不只是不假思索的雇用曾在過去任務取得優勢的人；讓新進員工能夠盡情發揮自己的優勢，讓每個員工都能各自為團隊帶來不同的貢獻。

更重要的是，透過創建具有正念的學校和企業，我們將學會如何避免用過去的辦法，來解決現在的問題。當組織中的每個成員都獲得更多成功，就能夠帶來更小的壓力，更小的壓力又能夠為他們帶來更好的健康。

健康新取向

幾十年前，我擔任一家安養中心的顧問。由於我沒有穿白袍，所以總是隨身戴著一個名牌來表示我的身分。但戴了一段時間後，我發現它純粹只用來彰顯地位，當我意識到這一點，就決定把它留在家裡，再也不用了；因為，我認為想獲得他人的尊重，應該基於我的行為，而不是我的身分。結果我驚訝的發現，當我放下與研究者及顧問有關的「道具」，單純以一個「人」的身分去到那裡，我與安養中心住員的訪談帶給我的意義更大，我從中獲得的也更多。

同樣的，我認為醫療專業人員應該只在進行醫療程序時穿著制服，這能讓他們站在病床旁時更具親和力。這樣的醫療人員會是一個人性化的個體，而不再只是所扮演的醫療角色。在這種情況下，就可能培養出更正面的醫病關係。

在一個正念烏托邦中，醫護人員不只是被要求更換服裝，他們還會被教導去關注患者的症狀、舉止與整體健康變化。關注變異性，可以讓每個人都保持正念與投入，可能有助於減少醫護人員的職業倦怠。與具正念的工作人員互動的患者，則可能會因為自己的心聲得到傾聽而更具信心。也許最重要的是，透過對患者變化的關注，醫護人員就可以利用這些資訊，為患者提供更好的照顧，改善病人的身體健康與復原速度。

此外，也應教導患者成為自身健康的積極參與者，而且不只要關注自身症狀變化，還要學會以正念看待所經歷的一切。鑑於個人選擇對維持健康生活的重要性，患者必須了解到，自己就是維繫自身健康最重要的合作夥伴。

也許有人會問：「生活在正念烏托邦會有什麼樣的感受？」我認為最重要的是，我們將親身體驗到自己的心態發生變化，為自己創造出新的可能性，能夠自主做出決定，並且因為擁有對於人生的掌控權而為生命帶來正面的影響。

當然，我知道隨著愈來愈多人認識正念的好處，必然會有人試圖透過攻擊與貶抑它來博取聲量，因此每當有記者問我：「正念是否只是一時流行的風潮？」我並不會感到太過驚訝。而我的回答則是：「如果你天天都把麵包烤焦，現在有人告訴你，只要調整機器上的旋鈕，就可以不再烤焦麵包。那麼你會在一段時間後，又繼續天天都把麵包烤焦嗎？」一旦我們親身體驗正念的力量，它就不會是一時流行的風潮，而會成為一種深層的核心生活態度。

正念醫療

醫療錯誤時有所聞。當我們意識到無論醫師有多聰明、多關心患者，但他們終究是人，而人難免會犯錯，或許就不會對此感到驚訝。在任何一天，護理師和醫師都有可能因缺乏足夠的休息，或是因個人問題而感受到壓力或心煩意亂。導致醫療錯誤更關鍵的原因在於，人們經常處於非正念狀態。暢銷書作者兼社會心理學家羅伯特・席爾迪尼（Robert Cialdini）曾分享過一個案例，一名護理師看到醫師的指示上寫著「在右耳（R-ear）用藥」，結果卻將右耳誤讀為「臀部」（rear end）。[5]

無論是醫師或護理師所接受的醫學教育，有可能會在無意中鼓勵非正念。他們所學到的事實常被視為永恆且絕對的，因而對懷疑和不確定性的容忍性極低，診斷時則是將患者依預設模式進行歸類。

日內瓦大學醫院的醫師莎哈・阿茲以（Shahar Arzy）與她的同事做過一項研究，結果顯示，即使只有一個誤導性細節，也可能讓醫師在診斷時走上錯誤的方向。[6]研究人員給一群內科醫師十則關於健康問題的簡短案例，並請他們據此做出診斷。每則案例都存在一個誤導性細節，例如：一名年輕女孩在遭遇滑雪事故後，向醫師表達自己的疼痛。醫師們拿到的資料清楚顯示，女孩的疼痛是由非何杰金氏淋巴瘤（non-Hodgkin's lymphoma）所引起，但有關滑雪事故的誤導性細節卻讓他們出現誤判。值得留意的是，整個研究中約有九成誤診，都是由誤導性細節所導致。

正如前文所述，人們處於非正念狀態時經常會犯錯，而且很少會意識到自身錯誤。或許醫師和我們其他人一樣，如果能夠視不確定性為常態、而非例外，就可能得到更好的結果。因為當我們知道自己並不知道時，就會更加專注於當前的情況。

醫師兼暢銷書作家阿圖・葛文德（Atul Gawande）一直致力於降低醫療錯誤。他最先提出手術檢核清單，確保外科手術團隊遵循標準程序，避免忽略可能對患者健康造成重大影響的小細節。[7]每次進行手術前，團隊都必須逐一核對清單以確認重要細節，例如在動刀前，是否已經為患者施打抗生素，以降低術後感染的可能性。截至目前為止，葛文德已經從八家醫院蒐集大約一千次手術相關資料，發現使用檢核清單後，可成功減少五成錯誤率，讓人印象深刻。

當然，檢核清單並不總是能夠確保正念狀態，當清單上的問題變得太過熟悉時，我們就可能會呈現非正念狀態。當我在機場填寫行李申報單時，回答前面兩、三個問題的答案都是「否」，所以我便覺得自己不需要仔細閱讀其餘部分（像是「我在機場並沒有讓任何人幫我看行李」、「我的行李中並沒有武器」之類的問題），直接勾選「否」就對了。

醫師問診時，與其使用一份只須回答「是」或「否」的檢核清單，倒不如設計一份需要提供更細緻回答的問題。例如：將「病人意識是否清楚」，換成「病人的意識清楚程度為何」或「與之前的情況有什麼不同」。為了完成這項評估，醫護人員往往需要更審慎的觀察病人，即使像是「病人瞳孔放大程度為何？」這樣的問題，也能促進醫護人員進行更仔細的檢查。

即使這些可以透過一個更為連續性的尺度，而不只是單純以「是」或「否」來回答問題，清單的設計也是基於假定我們知道要去尋找什麼，並根據預先存在的概念來評估回應。有時，更好的方法可能是蒐集原始、未分類的數據，並且看看我們可以從中學到什麼新的東西，而不是將它硬塞進舊有的類別中。採取這種辦法最有希望的領域之一，是在心理健康方面。

我這麼說或許並不誇張，當心理疾病沒有被診斷出來時，它對患有憂鬱症的人及其家屬、鄰居和同事，都構成重大的健康風險。但是為了找出身陷憂鬱風險的人，進行面對面的篩檢則往往是耗時、傷財的事，而且結果又經常不夠準確。更重要的是，心理疾病可能無法恰恰好的套入預先設定好的類別中。

安德魯．里斯（Andrew Reece）是我以前的學生，他的博士論文是探討我們能否從社交媒體資料中，辨識出能預測心理疾病的徵兆。[8]他首先瀏覽與解讀在Twitter和Instagram上發布的文本和圖像，來了解是否可能辨識出患有憂鬱症與創傷後壓力症候群（PTSD）風險的人。他觀看共二十九萬九千九百五十一則Twitter貼文、四萬三千九百五十則Instagram貼文，並使用色彩分析、臉部偵測、語義分析和自然語言處理，來辨識人們發布的圖像與文字特徵是否可能有助於預測憂鬱症。我們可以把這些方法視為試圖在原始數據（照片和文字）中，找到嶄新的、隱藏的、但帶有一致性的模式，而不是只想把這些原始數據加以分類，套進已經預先設定好的診斷類別中。

藉著大數據運算的幫助，安德魯的模型已經能夠分辨出健康的人和憂鬱的人，並且成功做出以類別為基礎、和一般醫師一樣好或甚至更好的診斷。即使他只針對憂鬱症患者被首次診斷出來前發布的社交媒體內容進行診斷，結果也是一樣成立。以他對Twitter的研究數據來看，可以在病患接受臨床醫師診斷前的幾個月就成功診斷出憂鬱症。

請想像一下，透過大數據早期篩檢與偵測心理疾病的好處。如果我們能夠及早發現，就能大幅減少患者經歷的痛苦，甚至可以不用接受住院治療。當然，這也可能讓我們開始非正念的依賴事先編寫的演算法，不過既然需要事先編寫，這象徵人類在心理疾病診斷上扮演的關鍵角色永遠不會改變。

正念的醫院

儘管目前大多數醫學界人士可能不同意我認為「壓力是頭號殺手」的觀點，但卻很少人不認同壓力對人們的健康有害。儘管如此，大家似乎對如何使醫院或更普遍的醫療機構減少人們壓力不太關心。

我們難免得去醫院，例如去做乳房或胸部X光檢查，或是因為骨折或其他千百種理由。我們去醫院是為了治病，但當我們進入醫院大樓時，很可能會感覺不太好，因為我們承受著排山倒海的憂懼感。此外，我們的注意力可能會被醫院裡情況比我們更糟的人所吸引，從他們身上，我們似乎看到未來的自己。整個醫療環境死氣沉沉，大廳上醫護人員腳步匆促、表情嚴肅，再次傳遞出陰鬱和厄運的氣氛，這顯然不是我們想去的地方。

或許這樣的氛圍在加護病房（ＩＣＵ）是有其必要的，但對於醫院的其他地方來說，這種嚴肅的氣氛卻值得商榷。換個角度想，兒童病房往往被布置得色彩繽紛且充滿歡樂，可見，色彩和歡樂並不意味著病患的病情就不需要認真對待。如果你是一名患有癌症的成年人，你會發現醫院環境與癌症病童所在的環境是完全不同的。難道人活到了某個年齡，就必須要放棄令人振奮的環境，而選擇一個充滿壓力的地方？

一個關心病人的醫院應該是什麼樣子的呢？我認為應該是讓人們減少對疾病和死亡的憂懼，反過來學習如何好好活著的地方。

首先，患者的家人和重要親友應該參與病人各方面的治療。根據我的經驗，重要親友在典型的醫院環境中往往感到無助，但實際上，他們可以成為重要資源人物，提供很大的幫助。當我母親住院時，如果我至少能幫忙推她的輪床去X光室，這對她和我來說，都象徵一種安慰和安心。但為了保險起見，醫院的人並不允許我這麼做，我們反而必須等一個十七歲的志工來移動她。

一旦理解讓家人陪伴病患的重要性，醫院也可以與托兒機構合作，這樣父母在住院期間就不用擔心他們的孩子，並在必要時也能見到他們。

一個關心病人的醫院，會明白與有類似健康問題的人建立關係很重要。因此，病人可以選擇參與各種團體活動，這些活動可能包括和緩的椅子瑜伽、冥想、正念練習、紙牌遊戲與小組討論。如此一來，病人就不會彼此隔離，並從一開始就被鼓勵與人建立友誼，找到互相幫助的方法。正如前文所述，許多社會心理學研究已經證明，社會支持對我們的健康至關重要。

我們知道外在環境對人們健康的重要性，因此，一個關心病人的醫院可以是充滿色彩的。它甚至可以是一個像水療中心那樣的健康設施。一個關心病人的醫院也會鼓勵人們想像自己不是住在醫院裡面，並把病人與花園、休息室和廚房等空間連結起來。事實上，瑞典查爾姆斯理工大學醫療建築中心（Centre for Healthcare Architecture at Chalmers University of Technology in Sweden）前教授羅傑・烏爾里奇（Roger Ulrich）從研究中發現，相較於住在面對一堵磚牆而沒有對外窗的病房的人，住在從窗戶可以俯視花園的病房中的人恢復速度更快，需要的止痛藥也較少。[9]

關心病人的醫院抱持的使命不會一成不變，而且會致力於提升病人健康和痊癒的可能性。每一個工作人員的目標，是鼓勵患者在活著的日子中貫注更多生命力，而不只是讓他們的人生徒增年歲。

沒什麼不可能

大概三十年前，我在朋友的鼓吹之下去找一個虹膜診斷師，我猜想這應該會很有趣。虹膜學是傳統醫學之外的一種替代療法，這種療法認為透過觀察虹膜的特徵，可以揭示人們的健康狀況。在朋友提到它之前，我完全不知道有虹膜學的存在，我對此感到好奇，並想進一步了解。

虹膜診斷師先為我拍攝一張眼睛虹膜照片，然後告訴我，我的膽囊有一點問題。碰巧的是，一個禮拜之前，我因為腹部持續性疼痛而去看過醫師，醫師告訴我，我有一顆膽結石，並囑咐我喝清湯、吃吉利丁，並休息一週。虹膜診斷師竟然只從一張眼睛照片就發現這一點，讓我覺得相當神奇。但鑑於我在本書中所闡述的一切，你應該很清楚我對此並不會感到不可思議。我相信，存在於我們身體各個層面的一切，都會在每個層面上顯現出來；目前，我們只是缺乏工具清楚的看到這些變化，或者甚至還沒有意識到應該去留意這些變化。

固著的心態容易限制我們的能力，即使是在顯而易見、容易判斷的情境中。丹・西蒙斯（Daniel Simons）與克里斯・查布里斯（Chris Chabris）所做的知名研究「隱形的大猩猩」（invisible gorilla）就是一個很好的例子。在研究中，參與者觀看一段人們打籃球的影片，但其間有個穿著大猩猩服裝的人出現在球場上。神奇的是，大多數人都沒有看到這隻大猩猩。[10]

在西蒙斯把這段影片播放到哈佛的一次學術研討會上後，我們進行一項試驗性研究，以了解誰確實注意到大猩猩。我們首先告訴其中一組人：「你會看一段籃球比賽的影片。在某些方面，影片中的籃球比賽和其他所有籃球比賽一樣，這就是為什麼它們被稱為籃球比賽；但同樣確定的是，每場比賽都不一樣。在你看影片的同時，請仔細注意它們有什麼相同和有什麼不同。」對於另外一組人，我們只要求他們看影片，沒有做任何指示。結果，大多數接受指示要專注觀看的參與者全都看到大猩猩。

西蒙斯和查布里斯的研究，則是我在第九章所描述的卡片實驗進階版本。在我們的實驗中，我們向人們展示一張小卡片，上面有大家都熟悉的短句，但句子中有重複的單字，結果大多數人都沒有看到重複的字。即使我們願意提供答對的人獎金，或者要求他們告訴我們卡片上有多少個字，他們還是沒有看到錯誤所在。相形之下，剛剛做完冥想的人有看到重複的字，坐在正念者身邊的人也同樣看到重複的字。

這種視而不見的現象也存在於科學中。紐約大學運算醫學研究所（the Institute for Computational Medicine at NYU）教授以太・亞奈（Itai Yanai）和德國海因里希・海涅大學（Heinrich Heine University）計算細胞生物學（Computational Cell Biology）研究小組負責人馬丁・勒徹（Martin Lercher）發現，當參與者抱持強烈的假設時，他們會忽視本來應該顯而易見的東西。[11] 也就是說，我們往往只會發現我們在尋找的東西，而忽略一般人可以明顯看見的東西。

在一項實驗中，參與者必須分析一組數據，這些數據是對於一千七百八十六個人的身體質量指數以及他們每天行走步數的研究。實驗者將整組數據繪製成圖表，每個人以一個點來代表。完成的圖表勾勒出一隻大猩猩的形象。結果發現，心中帶有明確假設的參與者比較不容易看出這個圖像。也就是說，我們心中的預期愈強烈，我們的正念程度就會愈低。或許正因如此，當醫師以非正念的方式閱讀患者的病例時，可能很容易將焦點鎖定在以往的病歷上，因而錯過其他重要的可能資訊。

有時候，我們的心態不會讓我們對本來可以看見的東西視而不見，但會為我們帶來其他問題。心理學家丹・韋格納（Dan Wegner）發現，當被指示不要去想某件事情時（例如一隻白熊），結果不管我們多麼努力，我們的腦海中仍然會浮現白熊，這就是所謂的「白熊效應」（the white bear effect）。[12]

我突然想到，這種效應可能只會發生在本來就對熊有概念的人身上。於是我和我的學生對這一點進行研究。在下達指令之前，我們讓一組人看單獨的一隻白熊，讓另一組人看四隻不同樣子的白熊，有瘦的熊、胖的熊、老的熊或小的熊，然後才要求他們「不要想到白熊」。顯然，對於後一組人來說，在沒看見白熊圖片的情況下，他們必須主動選擇如何專心的執行指令。

結果發現，相較於第二組人，第一組人較難遵循這個要求。這個發現與我們健康的關係是，我們比自己以為的更能控制我們的思想。與其努力不去想某件事，例如「我的癌症是否治不好」或「糖尿病是否很難根治」，我們不如從不同的角度來思考這些問題。我們可以選擇如何去想事情。藉由重新思考或從不同角度重新建立一個想法，我們可以獲得一種嶄新層次的自我掌控。

第11章

正念烏托邦

你生來就有一對翅膀，為何寧願爬行過一生？

——波斯詩人 魯米（Rumi）

當一切都不確定時，不就意味著一切都有可能嗎？無論是蕭伯納（George Bernard Shaw）筆下的伊萊莎．杜利特（Eliza Doolittle，一位在語言學教授指導下蛻變為上流社會淑女的賣花姑娘），還是電影中的洛基．巴波亞（Rocky Balboa，一位籍籍無名的拳擊手，後來成為世界冠軍），我們可以舉出無數例子，證明人類文化中存在重大改變的可能性，改變也經常是人們喜愛的故事主題。然而，儘管我們相信這些有關改變的故事，卻往往不相信這種改變也能發生在自己身上。

我們有許多想法，是對固有資訊的刻板認識。例如：認為老化是一個不斷失去的過程、有些人就是比其他人更有價值、慢性疾病很難獲得治癒等等。正念的生活方式能幫助我們超越這些想法，看到「慢性健康」的可能性，並且更容易發現過去往往被我們忽略的嶄新可能。

你具有無限可能

事實上，已經有相當多證據顯示，不論人們處在任何年齡層，只要願意稍加努力，在各方面都可以表現得比現在更好。羅伯特・羅森塔爾（Robert Rosenthal）和李諾爾・雅各布森（Lenore Jacobson）於一九六八年的重要研究「比馬龍效應」（Pygmalion effect）顯示，只要改變教師對學生的期望，就能讓原本不被視為傑出的孩子變成優秀的學生。研究者隨機選擇一些小學生，告訴老師這些學生如璞玉般極具發展潛能，提高老師對學生發展可能性的期望水準。結果學年結束時，這些學生的智商分數出現顯著提高。[1]抱持可能性的想法會造成實質性改變，這與安慰劑的作用方式並無二致；只可惜，在現實生活中，許多老師仍然讓絕大多數學生相信，他們就是不夠格。

不只有考試成績會讓我們受到他人評判，我們的想法也時常會受到評判，但評判的標準是什麼？人們經常會用「常態」作為檢視的標準，如果某人看待世界的方式與絕大多數人不同，就會受到嘲笑。伽利略就是因為威脅到當時人們的世界觀，因此被判為異端而終身監禁。很少有人能像他那樣，用自身的觀點撼動世界，因為我們仍然害怕用不同於別人的方式思考，因此始終被自身的無意識所禁錮。

我們從小就被灌輸一些限制，父母、師長和我們的文化更強化這些過低的期望水準：十六歲的你不能飲酒，因為你還不夠成熟，不知道什麼時候該停下來；即使成年後的你喜歡去賭場，人們也會叮嚀你千萬不要上癮。這些警告與限制的共同點都是在預防。確實，如果十六歲的孩子完全不喝酒，就不會有飲酒過量的問題發生；如果成年人完全不去賭場，就不會有好賭成癮的問題。但這真的是創建一種文化的有效方式嗎？我並不以為然。我認為比較好的方法，是向能適度飲酒的十六歲孩子或是能在賭場享受一晚卻不會失控的成年人學習。

我認為，與其一直關注最低的標準，不如將焦點放在成功者身上，並假設成功模式可能體現於我們每個人身上。現在，每當我們發現有人在某些方面比大多數人優秀時，就會幫他們貼上「超級」的標籤，從超級味覺者、超級嗅覺者、超級天才到超級學霸等等，這樣做其實是在暗示，我們其他人不可能像他們一樣厲害，但事實是否真是如此？其實我們並不清楚。例如在進行「逆時針研究」之前，我知道大多數人都相信視力會隨著年齡的增長而變差，雖然有少數特例者存在，但對於一般人來說，視力衰退是人類生理限制使然。儘管如此，我們還是針對「一般人」（而非「特例者」）進行研究，結果發現，視力確實可以改善。這個結論對我們來說，是非常寶貴的一課。

參與「逆時針研究」的男性長輩們透過體現年輕的自己，證明年長者所能做到的事情，遠遠超過人們的一般認知。那麼，如果讓年輕人體現未來的自己（順時針而不是逆時針），那麼即使現在還處於被視為不太成熟的階段，年輕人能否表現得像年長時的自己那樣精明幹練？雖然這個假設尚未付諸實驗，但我和研究夥伴們都相信，答案是肯定的，而且我們還相信，他們可以在不放棄年輕人特有的正念狀態下做到一點。

總而言之，從本書中提出的各項研究中可以發現，許多原本被人們視為不可能做到的事，其實是有可能做到的。透過正念，不僅能讓我們的視力和聽力獲得改善，可以減輕慢性疾病的症狀，還能讓我們的生活壓力變少，我們會開始變得不那麼愛評判，變得更快樂等等。或許還有一個令人值得開心的好處：學習正念完全不需要透過密集訓練或花費高昂的費用。

無論我們的年紀多大，生命總是存在著各種可能性。正如我的爵士樂手朋友柔依・路易絲（Zoe Lewis）的歌：

不要因為年紀大了就停止玩樂，否則你會因為停止玩樂而變老……你永遠不會因為年紀太大而不再年輕……當他們告訴你要照你的年紀來行事時，他們顯然根本不明事理。他們難道不明白嗎？除非你是一瓶酒或一片乾酪，否則變老根本就無所謂。所以，當暮年如鑽石般向你露出閃耀的微笑，請記住，即使你自認早已經歷過一切，但永遠還有許多新鮮事在等著你發現。

無論我們是年老還是年輕，都可以毫不猶豫的活出充實人生。我們可以在任何時刻，選擇我們想要成為的任何年紀。所以，你還在等什麼呢？

一趟專屬於你的英雄旅程

隨著愈來愈多人開始欣賞並利用「不確定性」的力量，打造一個充滿正念的烏托邦將比我們想像的更接近。一旦我們認清過去那些非正念的決定如何限制我們，就不再有任何事物會妨礙我們重新設計世界，它將能更符合我們當前的需求，而不是任憑昨天來決定今天與明天。當我們開始這樣做，過去被認為不可能的事情，都會頓時產生全新的可能性。現在，是不是該拋棄對「確定性」的不當期待，讓我們每個人都能成為自己故事中的英雄？

在我們當前的世界裡，我們假設資源是匱乏的，假設自己不可能成為頂尖之人。我們認為自己無法像那些「厲害的人」那樣承擔風險，而且也不擅長做出重要決策；總之，我們並不位於那條常態分布曲線的尾端。這種思考方式造就出一個垂直的社會，處在當中的我們只能不斷與人比較，藉此知道誰比我們更好或更差。

一旦我們對自身行為模式提出根本性的質疑，一個垂直社會就可以轉變為水平社會。是的，我們每個人都和別人不一樣，但並不是在絕對意義上的「更好」或「更差」。

我在我的孫子艾米特和西奧五歲時，為他們寫了一首小歌，旋律來自一首很久以前的「莎莉蛋糕」（Sara Lee）廣告曲。這並不是一個偉大的作品，更幸運的是，你只會在這裡讀到歌詞而不是親身聽我演唱。儘管如此，我還是常常唱它（甚至唱給我的學生聽），因為我認為其中傳遞的基本想法非常重要。歌詞是這樣的：

每個人都不知道一些事情，但每個人都知道一些其他事情。

每個人都做不到一些事情，但每個人都能做一些其他事情。

我記得有一天，我和兩個孫子一起坐車，突然，西奧開始吹起口哨。等他吹完，我對他說：「西奧，你口哨吹得真好！」這時，他的兄弟艾米特說：「艾倫奶奶，當西奧學吹口哨時，我在學其他的東西。」但願他們兄弟倆在這條充滿樂趣的學習之路上，永遠不會覺得自己比別人差。願他們都能以正念之身，展開雙臂迎向一個更成熟的自己。

謝辭

《正念之身》歷經多次修改而成，在此，我要對許多人致上謝意。

本書最初的構想是以回憶錄形式呈現，當時我徵求幾位傑出作家朋友的指教，包括多米尼克·布朗寧（Dominique Browning）、蘿莉·海斯（Laurie Hays）、帕梅拉·佩因特（Pamela Painter）與菲利斯·卡茲（Phyllis Katz），他們幫忙檢視書稿中是否揭露過多我的個人經歷，並且建議我是否納入其他有趣的故事。

我的好友大衛·米勒（David Miller）曾與我合作撰寫《逆時針》、《正念學習的力量》（*The Power of Mindful Learning*）、《學學藝術家的減法創意》（*On Becoming an Artist: Reinventing Yourself Through Mindful Creativity*），他建議不如讓這本書成為我的理念回憶錄，藉此梳理我從過去以來的研究理論與觀點，並在書中分享我的最新想法。我覺得這個點子很棒，於是重新思考本書架構。新的想法源源不絕湧來，於是我的理念回憶錄最終就變成讀者手上的這本書。

在我書寫的過程中，我與令人尊敬的同事、朋友，以及實驗室夥伴菲利普·梅明（Philip Maymin）和斯圖·艾伯特（Stu Albert）之間展開無數次深刻的討論，讓這段寫作旅程既令人興奮又成果豐碩，我想，他們可能是我這輩子所遇過少數想法比我還要極端的人了。特別感謝我的摯友學者萊諾爾·魏茲曼，她不厭其繁的對書稿中幾乎每一句話給予細緻的建議。

感謝我的實驗室夥伴，包括過去和現在的教職員、博士後研究生、研究生和大學部學生，其中許多人現在已經成為教授，並擁有自己的實驗室，他們在擴展和完善我的研究上，始終扮演著最重要的角色。尤其感謝以下人士：約翰·奧爾曼、彼得·盎格爾、科林·博斯馬、斯泰西·坎帕羅（Stayce Camparo）、本齊恩·查諾維茨（Benzion Chanowitz）、鄭杰吾、馬特·科恩（Matt Cohen）、阿莉亞·克洛姆、蘿拉·德利佐娜、瑪雅·德吉克（Maja Djkic）、蜜雪兒·道（Michelle Dow）、諾亞·艾森克拉夫特、莫森·法泰米（Mohsen Fatemi）、亞當·格蘭特、凱倫·岡內特－薛弗爾（Karyn Gunnet-

Shoval）、奇亞拉・哈勒、徐蘿拉、安德魯・基魯露塔（Andrew Kiruluta）、高仁（Ren Koa）、貝卡・利維、克萊頓・麥克林托克、米尼亞・摩多維努、克里斯泰爾・努佳尼曼、克里斯・尼科爾斯、傑・奧爾森（Jay Olson）、弗朗斯科・帕格尼尼、黛博拉・菲利普斯、安德魯・里斯、達莎・桑德拉（Dasha Sandra）、溫蒂・史密斯（Wendy Smith）、洛拉琳・湯普森、強尼・威爾奇、茱迪絲・懷特、萊恩・威廉斯與利亞特・耶芮。

衷心感謝約納・萊勒（Jonah Lehrer）、麗莎・亞當斯（Lisa Adams），以及蘭登書屋的編輯瑪林・科區倫（Marnie Cochran），有賴她無比的編輯敏銳度，讓本書得以順利誕生。最後，我要謝謝一位傑出的編輯和親愛的朋友梅洛伊德・勞倫斯（Merloyd Lawrence），我早期的重要著作《用心，讓你看見問題核心》（*Mindfulness*）是和她一起合作的。勞倫斯於不久前離世，我時常想起過去，每當她認為我的思緒飛得太高、太遠，超過大多數人所能理解的範圍時，她總是會耐心且努力帶著我回到地面。

最後，我要引用我在本書最初定調為回憶錄草稿中的文字：不管在過去還是現在，擁有一個百分之百支持我的家庭，讓我無論是好是壞，都能夠以不同的方式進行思考，並想像如何為所有人創造一個讓生命豐饒的世界。謹以無盡的感謝與愛，獻給我的每一位家人。

注釋

前言

1. Ellen J. Langer, *Mindfulness* (Reading, Mass.: Addison-Wesley, 1989).
2. Ellen J. Langer, *Counterclockwise: Mindful Health and the Power of Possibility* (New York: Ballantine Books, 2009).

第1章　誰訂的規則？

1. Russell H. Fazio, Edwin A. Effrein, and Victoria J. Falender, "Self-Perceptions Following Social Interaction," *Journal of Personality and Social Psychology* 41, no. 2 (1981): 232.
2. Alison L. Chasteen et al., "How Feelings of Stereotype Threat Influence Older Adults' Memory Performance," *Experimental Aging Research* 31, no. 3 (2005): 235–60.
3. Steven J. Spencer, Claude M. Steele, and Diane M. Quinn, "Stereotype Threat and Women's Math Performance," *Journal of Experimental Social Psychology* 35, no. 1 (1999): 4–28.
4. Christelle Tchangha Ngnoumen, "The Use of Socio-Cognitive Mindfulness in Mitigating Implicit Bias and Stereotype-Activated Behaviors," PhD diss., Harvard University, 2019.
5. Anthony G. Greenwald, Brian A. Nosek, and Mahzarin R. Banaji, "Understanding and Using the

Implicit Association Test: I. An Improved Scoring Algorithm," *Journal of Personality and Social Psychology* 85, no. 2 (2003): 197.

6. Ellen J. Langer, *On Becoming an Artist: Reinventing Yourself Through Mindful Creativity* (New York: Ballantine Books, 2007).
7. Peter Aungle, Karyn Gunnet-Shoval, and Ellen J. Langer, "The Borderline Effect for Diabetes: When No Difference Makes a Difference," unpublished manuscript.

第2章　風險、預測與控制的錯覺

1. Michael W. Morris, Erica Carranza, and Craig R. Fox, "Mistaken Identity: Activating Conservative Political Identities Induces 'Conservative' Financial Decisions," *Psychological Science* 19, no. 11 (2008): 1154– 60.
2. Daniel Gilbert, *Stumbling on Happiness* (Toronto: Vintage Canada, 2009).
3. Ellen J. Langer, "The Illusion of Control," *Journal of Personality and Social Psychology* 32, no. 2 (1975): 311.
4. Nathanael J. Fast et al., "Illusory Control: A Generative Force Behind Power's Far-Reaching Effects," *Psychological Science* 20, no. 4 (2009): 502–8.
5. Mark Fenton-O'Creevy et al., "Trading on Illusions: Unrealistic Perceptions of Control and Trading Performance," *Journal of Occupational and Organizational Psychology* 76, no. 1 (2003): 53–68.
6. David C. Glass and Jerome E. Singer, *Urban Stress: Experiments on Noise and Social Stressors* (New York: Academic Press, 1972).

第3章　豐饒世界

1. S. Snow and E. Langer, 未出版資料。
2. Ellen J. Langer, *Mindfulness*, Twenty-Fifth Anniversary Edition (New York: Da Capo Press, 2014).
3. Mark Twain, *The Prince and the Pauper* (New York: Bantam Dell, 2007).
4. Raymond Queneau, *Exercises in Style* (London: John Colder, 1998).
5. Mihnea Moldoveanu and Ellen Langer, "False Memories of the Future: A Critique of the Applications of Probabilistic Reasoning to the Study of Cognitive Processes," *Psychological Review* 109, no. 2 (2002): 358.
6. Ellen Langer et al., "Believing Is Seeing: Using Mindlessness (Mindfully) to Improve Visual Acuity," *Psychological Science* 21, no. 5 (2010): 661– 66.

第4章　由誰決定？

1. Irving L. Janis and Leon Mann, *Decision Making: A Psychological Analysis of Conflict, Choice, and Commitment* (New York: Free Press, 1977).
2. Daniel Kahneman, Thinking, Fast and Slow (New York: Macmillan, 2011).
3. H. Igor Ansoff, *Corporate Strategy: An Analytic Approach to Business Policy for Growth and Expansion* (New York: McGraw-Hill, 1965).
4. Barry Schwartz, *The Paradox of Choice: Why More Is Less* (New York: Ecco, 2004).
5. Herbert A. Simon, "Rational Choice and the Structure of the Environment," *Psychological Review* 63, no. 2 (1956): 129.

6. Clyde Hendrick, Judson Mills, and Charles A. Kiesler, "Decision Time as a Function of the Number and Complexity of Equally Attractive Alternatives," *Journal of Personality and Social Psychology* 8, no. 3p1 (1968): 313.
7. Sheena S. Iyengar and Mark R. Lepper, "When Choice Is Demotivating: Can One Desire Too Much of a Good Thing?" *Journal of Personality and Social Psychology* 79, no. 6 (2000): 995.
8. Martin Lindstrom, *Buyology: Truth and Lies About Why We Buy* (New York: Currency, 2008).
9. Sian L. Beilock and Thomas H. Carr, "When High- Powered People Fail: Working Memory and 'Choking Under Pressure' in Math," *Psychological Science* 16, no. 2 (2005): 101–5.
10. Shai Danziger, Jonathan Levav, and Liora Avnaim-Pesso, "Extraneous Factors in Judicial Decisions," *Proceedings of the National Academy of Sciences* 108, no. 17 (2011): 6889–92.
11. Daniel Kahneman and Amos Tversky, "Prospect Theory: An Analysis of Decision Under Risk," in L. C. MacLean and W. T. Ziemba, *Handbook of the Fundamentals of Financial Decision Making: Part I* (Hackensack, N.J.: World Scientific, 2013), 99–127.
12. Antonio R. Damasio, *Descartes' Error* (New York: Random House, 2006).
13. Simon, "Rational Choice."

第5章　思維的升級

1. Judith B. White et al., "Frequent Social Comparisons and Destructive Emotions and Behaviors: The Dark Side of Social Comparisons," *Journal of Adult Development* 13, no. 1 (2006): 36–44.
2. Leon Festinger, "A Theory of Social Comparison Processes," *Human Relations* 7, no. 2 (1954): 117–40.
3. William J. McGuire, "An Additional Future for Psychological Science," *Perspectives on*

Psychological Science 8, no. 4 (2013): 414–23.

4. Samuel Rickless, *Plato's Form in Transition: A Reading of the Parmenides* (Cambridge: Cambridge University Press, 2007).
5. Kristopher L. Nichols, Neha Dhawan, and Ellen J. Langer, "Try Versus Do: The Framing Effects of Language on Performance," in preparation.

第6章　身心乃一體

1. George L. Engel, "The Clinical Application of the Biopsychosocial Model," *The Journal of Medicine and Philosophy: A Forum for Bioethics and Philosophy of Medicine* 6, no. 2 (1981): 101–24.
2. Judith Rodin and Ellen J. Langer, "Long-term Effects of a Control-Relevant Intervention with the Institutionalized Aged," *Journal of Personality and Social Psychology* 35, no. 12 (1977): 897.
3. Richard Schulz and Barbara H. Hanusa, "Long-term Effects of Control and Predictability-Enhancing Interventions: Findings and Ethical Issues," *Journal of Personality and Social Psychology* 36, no. 11 (1978): 1194.
4. Ellen J. Langer et al., "Environmental Determinants of Memory Improvement in Late Adulthood," *Journal of Personality and Social Psychology* 37, no. 11 (1979): 2003.
5. Charles N. Alexander et al., "Transcendental Meditation, Mindfulness, and Longevity: An Experimental Study with the Elderly," *Journal of Personality and Social Psychology* 57, no. 6 (1989): 950.
6. Maya Schiller, Tamar L. Ben-Shaanan, and Asya Rolls, "Neuronal Regulation of Immunity: Why, How and Where?" *Nature Reviews Immunology* 21, no. 1 (2021): 20–36.

7. Esther Landhuis, "The Brain Can Recall and Reawaken Past Immune Responses," *Quanta Magazine*, November 8, 2021, https://www.quantamagazine.org/new-science-shows-immune-memory-in-the-brain-20211108/.
8. Tamar L. Ben-Shaanan et al., "Activation of the Reward System Boosts Innate and Adaptive Immunity," *Nature Medicine* 22, no. 8 (2016): 940–44.
9. E. Langer, B. Chanowitz, S., Jacobs, M. Rhodes, M., Palmerino, and P. Thayer, "Nonsequential Development and Aging," in eds. C. Alexander and E. Langer, *Higher Stages of Human Development* (New York: Oxford University Press, 1990).
10. Francesco Pagnini et al., "Ageing as a Mindset: A Study Protocol to Rejuvenate Older Adults with a Counterclockwise Psychological Intervention," BMJ Open 9, no. 7 (2019): e030411.
11. Laura M. Hsu, Jaewoo Chung, and Ellen J. Langer, "The Influence of Age-Related Cues on Health and Longevity," *Perspectives on Psychological Science* 5, no. 6 (2010): 632–48.
12. Alia J. Crum and Ellen J. Langer, "Mind-Set Matters: Exercise and the Placebo Effect," *Psychological Science* 18, no. 2 (2007): 165–71.
13. Octavia H. Zahrt and Alia J. Crum, "Perceived Physical Activity and Mortality: Evidence from Three Nationally Representative US Samples," *Health Psychology* 36, no. 11 (2017): 1017.
14. Abiola Keller et al., "Does the Perception That Stress Affects Health Matter? The Association with Health and Mortality," *Health Psychology* 31, no. 5 (2012): 677.
15. Shadab A. Rahman et al., "Manipulating Sleep Duration Perception Changes Cognitive Performance: An Exploratory Analysis," *Journal of Psychosomatic Research* 132 (2020): 109992.
16. Langer, *Counterclockwise*, 123.
17. Stayce Camparo et al., "The Fatigue Illusion: The Physical Effects of Mindlessness," *Humanities*

and Social Sciences Communications, in review.
18. Bradley P. Turnwald et al., "Learning One's Genetic Risk Changes Physiology Independent of Actual Genetic Risk," *Nature Human Behaviour* 3, no. 1 (2019): 48–56.
19. Lawrence E. Williams and John A. Bargh, "Experiencing Physical Warmth Promotes Interpersonal Warmth," Science 322, no. 5901 (2008): 606–7.
20. Hans Ijzerman and Gün R. Semin, "The Thermometer of Social Relations: Mapping Social Proximity on Temperature," *Psychological Science* 20, no. 10 (2009): 1214–20.
21. Tristen K. Inagaki and Naomi I. Eisenberger, "Shared Neural Mechanisms Underlying Social Warmth and Physical Warmth," *Psychological Science* 24, no. 11 (2013): 2272–80.
22. Naomi I. Eisenberger, Matthew D. Lieberman, and Kipling D. Williams, "Does Rejection Hurt? An fMRI Study of Social Exclusion," *Science* 302, no. 5643 (2003): 29–92.
23. Fritz Strack, Leonard L. Martin, and Sabine Stepper, "Inhibiting and Facilitating Conditions of the Human Smile: A Nonobtrusive Test of the Facial Feedback Hypothesis," *Journal of Personality and Social Psychology* 54, no. 5 (1988): 768.
24. E. Langer, A. Madenci, M. Djikic, M. Pirson, and R. Donahue, "Believing Is Seeing: Using Mindlessness (Mindfully) to Improve Visual Acuity," *Psychological Science*, 21, no. 5 (2010): 662–66.
25. Karyn Gunnet- Shoval and Ellen J. Langer, "Improving Hearing: Making It Harder to Make It Easier," unpublished manuscript.
26. Cheves West Perky, "An Experimental Study of Imagination," *The American Journal of Psychology* 21, no. 3 (1910): 422–52.
27. Carey K. Morewedge, Young Eun Huh, and Joachim Vosgerau, "Thought for Food: Imagined Consumption Reduces Actual Consumption," Science 330, no. 6010 (2010): 1530–33.

28. Dalia Ofer and Lenore J. Weitzman, eds., *Women in the Holocaust* (New Haven, Conn.: Yale University Press, 1998).
29. Cara De Silva, ed., *In Memory's Kitchen: A Legacy from the Women of Terezin* (Lanham, Md.: Jason Aronson, 2006).
30. Vinoth K. Ranganathan et al., "From Mental Power to Muscle Power: Gaining Strength by Using the Mind," *Neuropsychologia* 42, no. 7 (2004): 944–56.
31. Robert L. Woolfolk, Mark W. Parrish, and Shane M. Murphy, "The Effects of Positive and Negative Imagery on Motor Skill Performance," *Cognitive Therapy and Research* 9, no. 3 (1985): 335–41.
32. Erin M. Shackell and Lionel G. Standing, "Mind over Matter: Mental Training Increases Physical Strength," North American Journal of Psychology 9, no. 1 (2007).
33. C. Balzarini, F. Grosso, and F. Pagnini, "I Believe I Can Fly: Flight Visualization Improves Jump Performance in Volleyball Players," unpublished manuscript.
35.34. Ibid.
Christel J. M. de Blok et al., "Breast Cancer Risk in Transgender People Receiving Hormone Treatment: Nationwide Cohort Study in the Netherlands," The BMJ 365 (2019).
36. Sari M. Van Anders, Jeffrey Steiger, and Katherine L. Goldey, "Effects of Gendered Behavior on Testosterone in Women and Men," *Proceedings of the National Academy of Sciences* 112, no. 45 (2015): 13805–10.

第7章　安慰劑效應

1. Stephen Cohen, Richard C. Burns, and Karl Keiser, eds., *Pathways of the Pulp*, vol. 9 (St. Louis:

Mosby, 1998).
2. Anton J. M. De Craen et al., "Placebos and Placebo Effects in Medicine: Historical Overview," *Journal of the Royal Society of Medicine* 92, no. 10 (1999): 511–15.
3. Ibid.
4. Stefan Zweig, *Mental Healers: Franz Anton Mesmer, Mary Baker Eddy, Sigmund Freud* (Lexington, Mass.: Plunkett Lake Press, 2019).
5. Matthew Syed, *Black Box Thinking: The Surprising Truth About Success* (London: John Murray, 2015).
6. Stewart Wolf, "Effects of Suggestion and Conditioning on the Action of Chemical Agents in Human Subjects—The Pharmacology of Placebos," *The Journal of Clinical Investigation* 29, no. 1 (1950): 100–109.
7. Irving Kirsch and Lynne J. Weixel, "Double-blind Versus Deceptive Administration of a Placebo," *Behavioral Neuroscience* 102, no. 2 (1988): 319.
8. Ruth Macklin, "The Ethical Problems with Sham Surgery in Clinical Research," *New England Journal of Medicine* 341, no. 13 (1999): 992–96.
9. Arnar Astradsson and Tipu Aziz, "Parkinson's Disease: Fetal Cell or Stem Cell Derived Treatments," *The BMJ* 352 (2016).
10. J. Bruce Moseley et al., "A Controlled Trial of Arthroscopic Surgery for Osteoarthritis of the Knee," *New England Journal of Medicine* 347, no. 2 (2002): 81–88.
11. Stephen P. Stone, "Unusual, Innovative, and Long- Forgotten Remedies," *Dermatologic Clinics* 18, no. 2 (2000): 323–38.
12. Michael E. Wechsler et al., "Active Albuterol or Placebo, Sham Acupuncture, or No Intervention in Asthma," *New England Journal of Medicine* 365, no. 2 (2011): 119–26.

13. I. Hashish, W. Harvey, and M. Harris, "Anti-inflammatory Effects of Ultrasound Therapy: Evidence for a Major Placebo Effect," *Rheumatology* 25, no. 1 (1986): 77–81.
14. Alexandra Ilnyckyj et al., "Quantification of the Placebo Response in Ulcerative Colitis," Gastroenterology 112, no. 6 (1997): 1854–58.
15. Baba Shiv, Ziv Carmon, and Dan Ariely, "Placebo Effects of Marketing Actions: Consumers May Get What They Pay For," *Journal of Marketing Research* 42, no. 4 (2005): 383–93.
16. Rebecca L. Waber, Baba Shiv, Ziv Carmon, and D. Ariely, "Commercial Features of Placebo and Therapeutic," *JAMA* 299, no. 9 (2008): 1016–17.
17. Ibid.
18. Anton J. M. De Craen et al., "Effect of Colour of Drugs: Systematic Review of Perceived Effect of Drugs and of Their Effectiveness," *The BMJ* 313, no. 7072 (1996): 1624–26.
19. Louis W. Buckalew and Kenneth E. Coffield, "An Investigation of Drug Expectancy as a Function of Capsule Color and Size and Preparation Form," *Journal of Clinical Psychopharmacology* 2, no. 4 (1982): 245–48.
20. Ellen J. Langer, Arthur Blank, and Benzion Chanowitz, "The Mindlessness of Ostensibly Thoughtful Action: The Role of 'Placebic' Information in Interpersonal Interaction," *Journal of Personality and Social Psychology* 36, no. 6 (1978): 635.
21. Alan D. Sokal, "Transgressing the Boundaries: Toward a Transformative Hermeneutics of Quantum Gravity," *Social Text* 46/47 (1996): 217–52.
22. Zack Beauchamp, "The Controversy Around Hoax Studies in Critical Theory, Explained," Vox,October 15, 2018, https://www.vox.com/2018/10/15/17951492/grievance-studies-sokal-squared-hoax.
23. Anthony Vernillo, "Placebos in Clinical Practice and the Power of Suggestion," *The American*

Journal of Bioethics 9, no. 12 (2009): 32–33.
24. Irving Kirsch, "Placebo Effect in the Treatment of Depression and Anxiety," *Frontiers in Psychiatry* 10 (2019): 407.
25. Fabrizio Benedetti, "Neurobiological Mechanisms of the Placebo Effect," *Journal of Neuroscience* 25, no. 45 (2005): 10390–402.
26. Lee C. Park and Lino Covi, "Nonblind Placebo Trial: An Exploration of Neurotic Patients' Responses to Placebo When Its Inert Content Is Disclosed," *Archives of General Psychiatry* 12, no. 4 (1965): 336–45.
27. Eric S. Zhou et al., "Open-Label Placebo Reduces Fatigue in Cancer Survivors: A Randomized Trial," *Supportive Care in Cancer* 27, no. 6 (2019): 2179–87.
28. Teri W. Hoenemeyer, "Open-Label Placebo Treatment for Cancer-Related Fatigue: A Randomized- Controlled Clinical Trial," *Scientific Reports* 8, no. 1 (2018): 1–8.
29. Marc Barasch, "A Psychology of the Miraculous," *Psychology Today*, March 1, 1994, https://www.psychologytoday.com/us/articles/199403/psychology-the-miraculous.
30. G. B. Challis and H. J. Stam, "The Spontaneous Regression of Cancer: A Review of Cases from 1900 to 1987," Acta Oncologica 29, no. 5 (1990): 545–50.
31. Kelly A. Turner, "Spontaneous/Radical Remission of Cancer: Transpersonal Results from a Grounded Theory Study," *The International Journal of Transpersonal Studies* 33 (2014): 7.
32. Chanmo Park et al., "Blood Sugar Level Follows Perceived Time Rather Than Actual Time in People with Type 2 Diabetes," *Proceedings of the National Academy of Sciences* 113, no. 29 (2016): 8168–70.
33. Alia J. Crum et al., "Mind over Milkshakes: Mindsets, Not Just Nutrients, Determine Ghrelin Response," *Health Psychology* 30, no. 4 (2011): 424.

34. P. Aungle and E. Langer, "Which Time Heals All Wounds, Real or Perceived?" in preparation.
35. C. E. Park et al., "Mindful View of the Common Cold," in preparation.

第8章　關注變異性

1. Laura L. Delizonna, Ryan P. Williams, and Ellen J. Langer, "The Effect of Mindfulness on Heart Rate Control," *Journal of Adult Development* 16, no. 2 (2009): 61–65.
2. Sigal Zilcha-Mano and Ellen Langer, "Mindful Attention to Variability Intervention and Successful Pregnancy Outcomes," *Journal of Clinical Psychology* 72, no. 9 (2016): 897–907.
3. Katherine Elizabeth Bercovitz, "Mindfully Attending to Variability: Challenging Chronicity Beliefs in Two Populations," PhD diss., Harvard University, 2019.
4. Noga Tsur et al., "The Effect of Mindful Attention Training for Pain Modulation Capacity: Exploring the Mindfulness– Pain Link," *Journal of Clinical Psychology* 77, no. 4 (2021): 896–909.
5. Francesco Pagnini et al., "Mindfulness, Physical Impairment and Psychological Well- Being in People with Amyotrophic Lateral Sclerosis," *Psychology and Health* 30, no. 5 (2015): 503–17.
6. F. Pagnini et al., "Longitudinal Associations Between Mindfulness and Well-being in People with Multiple Sclerosis," *International Journal of Clinical and Health Psychology* 19, no. 1 (2019): 22–30.
7. M. Demers et al., "Feasibility of an Online Langerian Mindfulness Program for Stroke Survivors and Caregivers," *OTJR: Occupation, Participation and Health* 42, no. 3 (2022): 228–37.
8. Rita Charon, Narrative Medicine (New York: Oxford University Press, 2008).

第9章　正念感染力

1. Ellen J. Langer and John Sviokla, "Charisma from a Mindfulness Perspective," unpublished manuscript.
2. Ellen J. Langer et al., "Mindfulness as a Psychological Attractor: The Effect on Children." Journal of Applied Social Psychology, 42, no. 5 (2012): 1114–22.
3. Chiara S. Haller et al., "Mindful Creativity Matters: Trajectories of Reported Functioning After Severe Traumatic Brain Injury as a Function of Mindful Creativity in Patients' Relatives: A Multilevel Analysis," Quality of Life Research 26, no. 4 (2017): 893–902.
4. Becca Levy and Ellen Langer, "Aging Free from Negative Stereotypes: Successful Memory in China Among the American Deaf," *Journal of Personality and Social Psychology* 66, no. 6 (1994): 989.
5. Heather Junqueira et al., "Accuracy of Canine Scent Detection of Lung Cancer in Blood Serum," *The FASEB Journal* 33, no. S1 (2019): 635.10.
6. Drupad K. Trivedi et al., "Discovery of Volatile Biomarkers of Parkinson's Disease from Sebum," ACS Central Science 5, no. 4 (2019): 599–606.
7. Ellen J. Langer and Judith Rodin, "The Effects of Choice and Enhanced Personal Responsibility for the Aged: A Field Experiment in an Institutional Setting," Journal of Personality and Social Psychology 34, no. 2 (1976): 191.
8. Ibid.

第10章　為什麼不可能？

1. William James, "What Psychical Research Has Accomplished," in William James, *The Will to Believe: and Other Essays in Popular Philosophy*, 299–327 (New York: Longmans, Green, 1896).
2. Solomon E. Asch, "Studies of Independence and Conformity: I. A Minority of One Against a Unanimous Majority," *Psychological Monographs: General and Applied* 70, no. 9 (1956): 1.
3. Ellen J. Langer et al., "An Exploration of Relationships Among Mindfulness, Longevity, and Senility," Academic Psychology Bulletin (1984).
4. Ellen Langer, Timothy Russell, and Noah Eisenkraft, "Orchestral Performance and the Footprint of Mindfulness," *Psychology of Music* 37, no. 2 (2009): 125–36.
5. Robert B. Cialdini and Lloyd James, *Influence: Science and Practice*, vol. 4 (Boston: Pearson Education, 2009).
6. Shahar Arzy et al., "Misleading One Detail: A Preventable Mode of Diagnostic Error?" *Journal of Evaluation in Clinical Practice* 15, no. 5 (2009): 804–6.
7. Atul Gawande, *The Checklist Manifesto* (New York: Metropolitan Books, 2010).
8. A. G. Reece et al., "Forecasting the Onset and Course of Mental Illness with Twitter Data," *Scientific Reports* 7, no. 1 (2017): 1–11.
9. Roger S. Ulrich, "View Through a Window May Influence Recovery from Surgery," *Science* 224, no. 4647 (1984): 420–21.
10. Daniel J. Simons and Christopher F. Chabris, "Gorillas in Our Midst: Sustained Inattentional Blindness for Dynamic Events," *Perception* 28, no. 9 (1999): 1059–74.
11. Itai Yanai and Martin Lercher, "A Hypothesis Is a Liability," *Genome Biology* 21, no. 1 (2020):

1–5.

12. Daniel M. Wegner et al., "Paradoxical Effects of Thought Suppression," *Journal of Personality and Social Psychology* 53, no. 1 (1987): 5.

第11章　正念烏托邦

1. Robert Rosenthal and Lenore Jacobson, "Pygmalion in the Classroom," The Urban Review 3, no. 1 (1968): 16–20.

心理勵志 BBP492

正念之身

覺察當下，活出健康

The Mindful Body: Thinking Our Way to Chronic Health

作者 — 艾倫・蘭格 Ellen J. Langer
譯者 — 張斐喬、楊淑娟

副社長兼總編輯 — 吳佩穎
財經館總監 — 蘇鵬元
責任編輯 — Jin Huang（特約）
封面設計 — FE 設計 葉馥儀

出版者 — 遠見天下文化出版股份有限公司
創辦人 — 高希均、王力行
遠見・天下文化　事業群榮譽董事長 — 高希均
遠見・天下文化　事業群董事長 — 王力行
天下文化社長 — 王力行
天下文化總經理 — 鄧瑋羚
國際事務開發部兼版權中心總監 — 潘欣
法律顧問 — 理律法律事務所陳長文律師
著作權顧問 — 魏啟翔律師
社址 — 臺北市 104 松江路 93 巷 1 號
讀者服務專線 — 02-2662-0012 | 傳真 — 02-2662-0007；02-2662-0009
電子郵件信箱 — cwpc@cwgv.com.tw
直接郵撥帳號 — 1326703-6 號　遠見天下文化出版股份有限公司

電腦排版 — 立全電腦印前排版有限公司
製版廠 — 東豪造像股份有限公司
印刷廠 — 祥峰印刷事業有限公司
裝訂廠 — 台興造像股份有限公司
登記證 — 局版台業字第 2517 號
總經銷 — 大和書報圖書股份有限公司 | 電話 — 02-8990-2588
出版日期 — 2024 年 9 月 30 日第一版第 1 次印行
2025 年 7 月 16 日第一版第 2 次印行

國家圖書館出版品預行編目(CIP)資料

正念之身：覺察當下，活出健康/ 艾倫.蘭格（Ellen J. Langer）著；張斐喬，楊淑娟譯．－－第一版，－－臺北市：遠見天下文化出版股份有限公司，2024. 09
360面；14.8×21公分. --（心理勵志；BBP492）
譯自：The mindful body: thinking our way to chronic health
ISBN 978-626-355-933-2（平裝）

1. CST: 心靈學　2. CST: 修身　3. CST: 生活指導

192.1　　113013054

定價 — 450 元
ISBN — 978-626-355-933-2 | EISBN — 9786263559295 (PDF)；9786263559318 (EPUB)
書號 — BBP492
天下文化官網 — bookzone.cwgv.com.tw